Publié par

GOLDEN BOOKMARK PUBLISHING

Courriel : goldenbookmarkpublishing@gmail.com

Pour plus d'informations ou pour toute question, veuillez contacter l'éditeur à l'adresse courriel ci-dessus.

Première publication par GOLDEN BOOKMARK PUBLISHING en 2026

Golden Bookmark

Contents

Sobre el autor

Miyamoto Musashi fue el *ronin* –samurái libre– más famoso de toda la historia de Japón, y su libro, fechado en 1643, es uno de los texto más importantes sobre lucha y estrategia nunca escritos, además de ser la obra clásica del *bushido* –literalmente *La vía de los Nobles Armados.*

Son valores del honor y *conducta impecable* que conviven con el *bushido*, los que justifican que el *Libro de los cinco anillos*, aunque escrito para hombres de armas, sea además una expresión magistral de todos los factores éticos y psicológicos que rodean cualquier proceso de lucha y competencia.

Perseverancia, intuición, comprensión de uno mismo y del entorno, serenidad incluso en medio del caos, acción rápida pero no precipitada, saber esperar, son algunas de las enseñanzas que despiertan hoy una fundada atracción en el mundo de los negocios y la gestión y son, pues, elementos claves para explicar el interés que el liderazgo japonés tiene en el ámbito empresarial de Occidente.

Prefacio

La palabra japonesa *shin-ken* significa «verdadero sable», pero ahora se utiliza generalmente más en un sentido metafórico. En el lenguaje ordinario, hacer algo con verdadero sable significa hacerlo con la mayor seriedad. Tener una actitud adecuada hacia un verdadero sable significa ser completamente serio. *Shin-ken shobu* –literalmente, combate con verdaderos sables– significa algo hecho con una absoluta seriedad.

Esta pequeña alusión a la antropología lingüística apunta a una muy buena razón por la que los japoneses son tan perseverantes y habilidosos en el arte de la supervivencia y de la adaptación. A lo largo de siglos de entrenamiento cultural bajo la ley marcial de los samuráis, los japoneses son capaces de atravesar cualquier situación de vida o muerte y de sobrevivir.

Este libro muestra cómo lo hacen.

Sobre el libro de los Cinco Anillos y Musashi Miyamoto

De acuerdo con sus propios escritos, Musashi comenzó a comprender el Camino de la Estrategia cuando alcanzó los 50 años de edad. Junto con su hijo adoptivo Iori, un huérfano que había encontrado en sus viajes, se asentó en Ogura en el año 1634. No volvió a salir nunca de la isla de Kyushu.

Tras seis años en Ogura, Musashi fue invitado a pasar un tiempo como huésped de Hosokawa Churi, señor del castillo de Kumamoto. Pasó algunos años con Lord Churi, tiempo durante el cual se dedicó a enseñar y a pintar. En 1643 se retiró para llevar una vida de ermitaño en la cueva de Reigendo, lugar donde escribió el *Libro de los Cinco Anillos*, el cual dedicó a su pupilo Teruo Magonojo. Terminó de escribir el libro una semana antes de su muerte, el 19 de mayo de 1645.

Musashi es conocido en Japón como *Kinsei*, que significa algo así como «Sacerdote de la Espada». *El Libro de los Cinco Anillos* encabeza cualquier bibliografía sobre *Kendo*, y resulta único entre todos los libros sobre artes marciales, en el sentido de que trata la estrategia de guerra a gran escala exactamente de la misma forma que el combate individual.

El libro no es una tesis sobre estrategia, sino, usando las palabras del propio Musashi: «una guía para aquellos que desean aprender acerca de la estrategia». Como tal guía, sus contenidos siempre están más allá de lo que los estudiantes son capaces de percibir.

Cuanto más se lee el libro, más se encuentra en sus páginas. Se trata, de alguna manera, de «la última voluntad» de Musashi, la llave para abrir el sendero que él había recorrido. Al igual que otros ronin de la época, Musashi podría haber fundado una escuela cuando rondaba la treintena, siendo ya famoso y respetado, y haberse dedicado a disfrutar del éxito.

Sin embargo, la opción que siguió fue la de continuar en solitario con su estudio, tal y como había hecho hasta entonces. Incluso en sus últimos años, abandonó la vida confortable que disfrutaba en el castillo de Kumamoto, y vivió dos años más en una cueva, en soledad, y dedicado a la contemplación y a escribir lo que había aprendido.

Escribió que «cuando has comprendido el Camino de la Estrategia, no existe una sola cosa que no seas capaz de comprender», y «puedes ver el Camino en todas las cosas». De hecho, se convirtió en un maestro en casi todas las artes y artesanías. Realizó obras maestras de pintura en tinta, posiblemente más valoradas que las de cualquier otro pintor. Fue un experto en el arte de la caligrafía, realizó esculturas en madera, trabajos en metal, e incluso fundó una escuela de artesanos *Tsuba* (las empuñaduras labradas de las espadas).

También se dice que escribió poemas y canciones, aunque ninguno de éstos se ha conservado en la actualidad. Su obras estaban firmadas habitualmente con su sello «Musashi», y también con el sobrenombre de «Niten». Niten significa «dos cielos» y es el nombre que dio a su «escuela» de estrategia. Tal y como escribió: «estudia los Caminos de todas las profesiones». Y evidentemente fue el primero en seguir su propio consejo.

Musashi escribió sobre los diversos aspectos del Kendo (arte marcial de manejo de la espada), de tal forma que cada uno puede estudiar según su nivel. Un principiante puede sacar provecho a nivel de principiante, así como un experto puede captar sutilezas a nivel de experto.

Su obra no se aplica solo a la estrategia militar, sino a cualquier situación en la cual es necesario usar de la táctica. Los hombres de negocios japoneses usan el «Libro de los Cinco Anillos» como un manual de gestión empresarial, desarrollando campañas de ventas tal y como si fuesen operaciones militares. Y que funcione bien o no, depende simplemente de lo bien que se hayan comprendido los Principios de la Estrategia.

Introducción

El Libro de los Cinco Anillos es uno de los textos más importantes sobre la lucha y la estrategia surgido de la cultura guerrera japonesa. Escrito originalmente no sólo para los hombres de armas, pretende explícitamente simbolizar procesos de lucha y de maestría en todos los campos en intereses de la vida.

El Libro de los Cinco Anillos fue escrito en 1643 por Miyamoto Musashi, duelista invicto, samurái sin señor y maestro independiente. Musashi fue un hombre de armas profesional nacido en una larga tradición de cultura marcial que al final llegó a dominar la totalidad de la política y de la sociedad japonesas. Sus intuiciones son relevantes, no sólo para los miembros de la casta militar gobernante, sino también para los dirigentes de otras profesiones, así como para las personas en búsqueda de la maestría individual en cualquier camino de la vida que escojan.

Puede verse el surgimiento y el fortalecimiento de la clase samurái en Japón en dos términos utilizados para referirse a sus miembros: samurái y *bushi*. La palabra samurái procede del verbo japonés *saburau*, que significa «servir como ayudante». La palabra *bushi* es una palabra chino-japonesa que significa «pequeña aristocracia armada». La palabra samurái fue utilizada por otras clases sociales, mientras que los guerreros se llamaban a sí mismos mediante el término más digno *bushi*.

El Japón de la Era Tokugawa fue dividido en más de doscientas baronías, que fueron clasificadas según su relación con el clan Tokugawa. Los barones eran controlados por ciertos métodos, que incluían la regulación del matrimonio y de las herencias, el intercambio de territorios y un elaborado sistema de rehenes. Las baronías fueron obligadas a minimizar sus contingentes de guerreros, lo cual produjo que un gran número de samuráis quedasen sin empleo, y fueron conocidos como *ronin*, u hombres errantes.

Muchos de los samuráis privados de sus derechos se hicieron maestros de escuela, médicos o sacerdotes. Algunos más continuaron practicando las tradiciones marciales y enseñándolas a otros. Algunos más se convirtieron en bandidos y criminales, hasta llegar a ser posteriormente uno de los problemas sociales más graves de la última parte del periodo Tokugawa. Algunas características de *El Libro de los Cinco Anillos* provienen del hecho de que Miyamoto Musashi fue un samurái sin señor y siguió una carrera como duelista y como maestro independiente de artes marciales.

Titulado con más propiedad *El Libro de las Cinco Esferas*, la obra de Miyamoto Musashi está dedicada a la guerra como una empresa puramente pragmática. Musashi censura la teatralidad vacía y la comercialización de las artes marciales, centrando la atención en la psicología y los movimientos físicos del asalto letal y de la victoria decisiva como esencia de la guerra. Su enfoque científicamente agresivo y absolutamente rudo de la ciencia militar, aunque no es universal entre los practicantes de artes marciales japonesas, representa una caracterización altamente concentrada de un tipo particular de guerreros samuráis.

Aunque alrededor de sus espectaculares hazañas se formó una gran leyenda, poco se sabe con certeza de la vida de Miyamoto Musashi. Lo que él cuenta de sí mismo en *El Libro de los Cinco Anillos* constituye la principal fuente de información histórica. Mató a un hombre por primera vez a los trece años, y por última vez cuando tenía veintinueve. En algún momento abandonó aparentemente la utilización del «verdadero sable», pero continuó infligiendo heridas mortales a sus adversarios hasta el final de su carrera guerrera.

Musashi pasó las tres últimas décadas de su vida perfeccionando y enseñando su ciencia militar. Se dice que nunca se peinó, tomó un baño, se casó, construyó una casa ni crió ningún hijo. Aunque también se instruyó en las artes marciales, como recomienda hacer a todo el mundo, el mismo Musashi siguió básicamente un camino ascético de guerrero hasta el final.

Nacido en la lucha, educado en el combate mortal, testigo en definitiva de una transición hacia una política de tiempos de paz en una escala sin precedentes en la historia de su nación, Miyamoto Musashi abandonó una vida ordinaria para ejemplificar y transmitir los elementos esenciales de las antiguas tradiciones marciales y estratégicas.

El primero de estos principios básicos es mantenerse internamente tranquilo y claro, incluso en medio del caos violento; el segundo es no olvidar la posibilidad del desorden en tiempos de orden. Como guerrero de dos mundos muy diferentes, un mundo de guerra y un mundo de paz, Musashi se vio obligado a practicar ambos aspectos fundamentales de la vía del guerrero de una forma intensa, añadiendo a su trabajo una decisión y una velocidad que difícilmente pueden ser superadas.

Desde que los samuráis tomaron el poder en Japón, siglos antes de que Musashi naciera, los budistas habían estado intentando civilizar y educar a los guerreros. Esto no significa que la casta samurái en general lograra ser imbuida de la iluminación budista, o ni tan siquiera del espíritu budista. Una de las principales razones de esto fue que los budistas habían estado ocupados, no sólo intentado civilizar a los samuráis, sino también intentando clarificarse y solventar sus propias contradicciones. El budismo estaba muy ocupado en las tareas de enterrar a los muertos, acoger y educar a los muchos niños huérfanos producidos por la guerra, la pobreza, o que eran abandonados por ser hijos ilegítimos, y en dar refugio a las viudas abandonadas o que sufrían abusos.

En consecuencia, en la relación entre el zen y los samuráis, el maestro no se dejaba llevar por el nivel del estudiante. Si, como ha sido sugerido por algunos apologistas, las artes marciales han de ser consideradas como la forma más elevada de estudio en

Japón, los maestros zen habrían sido los estudiantes de los guerreros, y no al revés.

El dominio prolongado del Japón por la casta guerrera fue una anomalía en los asuntos humanos, como queda reflejado por su discordancia con los ideales nativos japoneses y en general con las ideas sociopolíticas de Extremo Oriente. Por la forma en que se estableció el gobierno militar por medio de la fuerza, éste quedó destinado a adecuar los ideales sociales y filosóficos tradicionales que decía profesar.

Thomas Cleary

Prólogo

La ciencia de las artes marciales llamada Escuela Personal de los Dos Cielos [1] es algo que he estado perfeccionando muchos años. Ahora, deseando revelarla en un libro por primera vez, he ascendido al Monte *Iwato*, en la provincia de *Higo*, provincia de *Kyushu*. Inclinándose ante el cielo, venerando a *Kannon* [2], me sitúo frente a Buda. Soy *Shinmen Musashi no Kami*, *Fujiwara no Genshin*, guerrero nacido en la provincia de *Harima*, de sesenta años de edad.

He dedicado mi espíritu a la ciencia de las artes marciales desde que era joven, hace mucho tiempo. Tenía trece años cuando tuve mi primer duelo. En aquella ocasión gané a mi adversario, un maestro de artes marciales llamado *Arima Kihei*, perteneciente a la Nueva Escuela de la Precisión. A los dieciséis años vencí a un poderoso maestro de artes marciales llamado *Akiyama*, de la provincia de *Tajima*. Cuando tenía veintiuno, me fui a la capital y conocí a maestros de artes marciales de todo el país. Aunque participé en numerosos duelos, nunca dejé de alcanzar la victoria.

Después viajé de provincia en provincia, encontrando maestros de artes marciales de varias escuelas. Aunque participé en más de sesenta duelos, nunca perdí. Todo ello tuvo lugar entre los trece y veintinueve años.

Cuando cumplí los treinta años y reflexioné sobre mis experiencias, me di cuenta que no había salido victorioso a causa del logro consumado de las artes marciales. Quizá fue porque poseía una capacidad intrínseca para esta ciencia y no me había desviado de los principios naturales. También puede haber sido debido a fallos de las artes marciales de las demás escuelas. En cualquier caso, practiqué a continuación día y noche hasta alcanzar un principio todavía más profundo, y espontáneamente llegué a la ciencia de las artes marciales. Tenía cincuenta años en esa época.

Desde entonces he pasado el tiempo sin tener ninguna ciencia en la que investigar. Confiando en la ventaja de la ciencia militar, tal como la he convertido en la ciencia de todas las artes y técnicas, no tengo maestro en ningún camino.

Ahora, al escribir este libro, no tomo nada de los viejos dichos del budismo ni del confucianismo, y utilizo viejas historias de narraciones militares o sobre la ciencia militar. Teniendo al Cielo y a *Kanon* como espejos, tomo el pincel y empiezo a escribir, a las cuatro de la madrugada del décimo día del décimo mes, en el año 1643.

El Manuscrito de la Tierra

地

Las artes marciales son la forma de vida del guerrero[3]. Especialmente los oficiales deberían practicar estas artes, y los soldados deben también conocer esta forma de vida. En la actualidad no existen guerreros con un cierto conocimiento de la vía de las artes marciales.

Antes de nada, pongamos un ejemplo sobre lo que es una forma de vida. El budismo es una vía para ayudar a la gente; el confucianismo es una vía para reformar la cultura. Para el médico, curar es una forma de vida; un poeta enseña el arte de la poesía.

Otras personas se dedican a predecir el futuro, al tiro al arco o a otras diversas artes o disciplinas. Las personas practican las vías a las que se sienten inclinadas y desarrollan sus preferencias individuales. Pocas personas son aficionadas a la vía marcial de la vida. Ante todo, la vía de los guerreros significa familiaridad con las artes culturales y marciales. Aunque sean torpes en ellas, los guerreros deben fortalecer personalmente sus propias artes marciales tanto como puedan sus propias circunstancias.

La gente piensa normalmente que todos los guerreros reflexionan sobre el hecho de estar preparados para morir. En lo que se refiere a la vía de la muerte, ésta no se limita a los guerreros. Los monjes mendicantes, las mujeres, los campesinos, e incluso aquellos que pertenecen a las clases que están por debajo de ellos, conocen su obligación, se avergüenzan de descuidarla y se resignan a la muerte; en esto no hay ninguna distinción. La vía marcial de vida practicada por los guerreros se basa en superar a los demás en todo y en cualquier cosa. Ya sea mediante la victoria en un duelo individual, o ganando una batalla frente a varias personas, uno piensa en servir a los intereses de quien lo emplea, en servir los propios intereses, en llegar a ser bien conocido y en estar socialmente establecido. Todo ello es posible mediante el poder de las artes marciales.

Sin embargo, habrá personas en el mundo que piensen que aunque uno aprenda las artes marciales, no le servirán de nada cuando surja una necesidad real. A este respecto, la verdadera ciencia de las artes marciales significa practicarlas de tal forma que sean útiles en cualquier ocasión, y enseñarlas de tal forma que sean útiles en todos los caminos.

Sobre la ciencia de las artes marciales

En China y en Japón, los practicantes de estas ciencias han sido tradicionalmente llamados maestros de las artes marciales. Los guerreros no pueden dispensarse de aprender esta ciencia.

Las personas que viven de las artes marciales en la actualidad sólo se ciñen a la esgrima. Los sacerdotes de los templos *Kashima* y *Kantori* [**4**], de la provincia de *Hitachi*, han fundado este tipo de escuelas, afirmando que sus enseñanzas han sido transmitidas por los dioses, y viajan de provincia en provincia transmitiendo a la gente sus enseñanzas; pero esto es realmente un fenómeno reciente.

Entre las artes y disciplinas de las que se habla desde la Antigüedad, el denominado arte de la ventaja ha sido incluido como una disciplina; así, una vez que hablamos del arte de la ventaja, no puede limitarse llegar a ser sólo la esgrima. Incluso la misma esgrima difícilmente puede ser conocida, si se consideran únicamente cómo ganar sólo mediante el arte del sable; está fuera de cuestión que sea posible alcanzar el dominio de la ciencia militar de este modo.

Cuando miro a la sociedad, veo que la gente convierte las artes en ganancias comerciales; se considera sí misma como mercancía e incluso lleva a cabo mejoras como si fuera un objeto de comercio. Distinguiendo lo superficial y lo sustancial, encuentro que esta actitud tiene menos realidad que la decoración.

El campo de las artes marciales abunda particularmente de esgrimas victoriosas, con popularización comercial y aprovechamiento por parte de aquellos que enseñan la ciencia y de aquellos que la estudian. La consecuencia de esto es que, como alguien ha dicho, «las artes marciales de aficionados son origen de graves heridas».

Hablando de forma general, existen cuatro formas de vida: la forma de vida del caballero, la del campesino, la del artesano y la del comerciante.

- En primer lugar, está la forma de vida del campesino. Los campesinos preparan todo tipo de herramientas agrícolas y pasan años prestando constantemente atención a los cambios de las cuatro estaciones. Ésta es la forma de vivir del campesino.

- En segundo lugar, está la forma de vida del comerciante. Quienes elaboran licor obtienen los diversos utensilios requeridos y viven de los beneficios que obtienen según la calidad de lo que producen. Cualquiera que sea el negocio al que se dediquen, los comerciantes viven de los negocios que ganan conforme a su posición particular. Ésta es la forma de vivir del comerciante.

- En tercer lugar, en lo que se respecta al caballero guerrero, esta vía implica construir toda clase de armas y comprender sus diversas propiedades. Esto es algo imperativo para los guerreros; ignorar la maestría de las armas y la comprensión de las ventajas específicas de cada una de ellas sería indicar una falta de cultura de un miembro de una casa guerrera.

- En cuarto lugar, está la forma de vida del artesano. Si se toma como ejemplo la forma de vida del carpintero, ésta implica la fabricación habilidosa de toda clase de herramientas, saber cómo utilizar cada una de ellas con pericia, dibujar correctamente los planos sirviéndose de la escuadra y de la regla y vivir mediante una práctica diligente de sus técnicas.

Éstas son las cuatro formas de vida: de los caballeros, los campesinos, los artesanos y los comerciantes. Descubrirá la ciencia de las artes marciales comparándola con la disciplina del carpintero.

El carpintero se utiliza como una metáfora con referencia al concepto de casa. Hablamos de casas aristocráticas, casas militares y casa de las artes; decimos que una casa se derrumba o que una casa se mantiene; y también hablamos de tal o cual tradición, estilo o «casa». Por ello, como utilizamos la expresión «casa», he empleado la disciplina del maestro carpintero como metáfora.

La palabra carpintero se escribe con caracteres que significan «gran pericia» o «gran maestro». Puesto que la ciencia de las artes marciales implica una gran habilidad y una planificación con maestría, la describo en términos comparativos a la carpintería.

Si queréis aprender la ciencia de las artes marciales, reflexionad sobre éste libro; dejad que el maestro sea la aguja, el discípulo el hilo y practicad sin descanso.

La comparación entre la ciencia de las artes marciales y la carpintería

Como el maestro carpintero es el director y organizador general de los carpinteros, su obligación de maestro carpintero es comprender las leyes del país, averiguar las normas de cada localidad y atender a las regulaciones del propio establecimiento carpintero.

El maestro carpintero [5], por conocer las medidas y dibujos de toda clase de estructuras, emplea gente. A este respecto, el maestro carpintero es lo mismo que el maestro guerrero.

Al escoger la madera para construir una casa, la que es recta, está libre de nudos y tiene un buen aspecto puede ser utilizada como columna. La que tiene algunos nudos, y no es recta ni fuerte, puede ser utilizada como columna trasera. La que es algo débil, pero no tiene nudos y parece buena, es utilizada de diversas formas para construir umbrales, dinteles y biombos. La que tiene nudos y está retorcida, pero, sin embargo, es fuerte, se utiliza teniendo en cuenta la existencia de dichos elementos de la casa. Entonces ésta durará mucho tiempo.

Incluso la madera con nudos, retorcida y no muy fuerte puede ser utilizada como andamio, y posteriormente utilizada como leña.

Cuando el maestro carpintero dirige a los obreros, conoce sus diversos niveles de capacidad y les asigna las tareas apropiadas. Algunos son dedicados a construir el suelo, otros a las puertas y biombos, algunos a los pórticos, dinteles, techos, etc. Al que no está cualificado le pone a entarimar y a los aún menos cualificados a fabricar cuñas. Cuando el maestro carpintero ejerce el discernimiento en la asignación de tareas, el trabajo progresa sin dificultad.

La eficacia y el progreso continuo, la prudencia en todos los asuntos, el reconocimiento del verdadero valor de los diferentes niveles de moral, instalación de la confianza y la toma en consideración de lo que puede ser razonablemente esperado y lo que no, todo esto son asuntos que tiene presentes el maestro carpintero. El principio de las artes marciales es exactamente igual.

La ciencia de las artes marciales

Hablando en términos de carpintería, los soldados afilan sus herramientas, fabrican diversos utensilios útiles y los guardan en sus cajas respectivas. Con las instrucciones del maestro carpintero, tallan las columnas y las vigas con hachas, cepillan los suelos y las repisas con garlopas e incluso esculpen enrejados y bajorrelieves. Asegurándose de que las medidas son correctas, hacen lo necesario para que las tareas se ejecuten de una manera eficaz; ésta es la norma de la carpintería. Cuando uno ha desarrollado el conocimiento práctico de todas las capacidades de esta técnica, puede más adelante convertirse en maestro carpintero.

Para los carpinteros, un hábito esencial es tener afiladas sus herramientas y mantenerlas a punto. Corresponde al carpintero utilizar dichas herramientas con maestría, haciendo incluso objetos como templos en miniatura, estanterías, mesas, pies de lámpara, planchas para cortar tapaderas. Ser un soldado es igual. Debería reflexionarse sobre esto atentamente.

Los logros que un carpintero debe realizar consisten en evitar las sinuosidades, hacer que las junturas ajusten bien entre ellas, una planificación experta, evitar las raspaduras y cuidar que no haya deformaciones posteriores.

Si queréis aprender esta ciencia, tomad en serio todo lo que escribo y reflexionad sobre ello cuidadosamente.

Sobre la composición de este libro en cinco manuscritos

Distinguiendo cinco campos, para explicar sus principios en secciones individuales, he escrito este libro en cinco manuscritos, titulado Tierra, Agua, Fuego, Aire y Vacío.

En el *Manuscrito de la Tierra* puede encontrarse una descripción de la ciencia de las artes marciales, el análisis de mi propia escuela. La verdadera ciencia no puede alcanzarse simplemente mediante el dominio de la esgrima. Conociendo lo pequeño por medio de lo grande, uno va de lo superficial a lo profundo. Como un camino recto nivela el contorno de la tierra, llamo al primero el Manuscrito de la Tierra.

El segundo es el *Manuscrito del Agua.* Tomando el agua como punto esencial de referencia, uno hace que la mente sea fluida. El agua se adapta a la forma de la vasija, ya sea cuadrada o redonda; puede ser una gota y también puede ser un océano. El agua tiene el color de un estanque profundo de aguamarina. A causa de la pureza del agua, escribo sobre mi propia escuela en este manuscrito.

Alcanzar cierto discernimiento sobre los principios del dominio de la esgrima y, por tanto, poder derrotar a un adversario a voluntad, equivale a ser capaz de derrotar a cualquiera en el mundo. El espíritu de victoria sobre los demás es el mismo, aunque se trate de miles o de decenas de miles de adversarios.

La ciencia militar de los oficiales consiste en construir la amplia escala desde la pequeña escala, lo mismo que se hace con una gran estatua partiendo de un modelo en miniatura. Esos asuntos son imposibles de escribir en detalle; conocer miles de cosas a través de una sola cosa es un principio de la ciencia militar. Escribo sobre mi propia escuela en este Manuscrito del Agua.

El tercero es el *Manuscrito del Fuego*. En este manuscrito escribo sobre la batalla. El fuego puede ser grande o pequeño, y tiene un sentido de violencia, así pues, en él escribo sobre los asuntos de la batalla. La forma de combatir es la misma, ya se trate de una batalla entre dos individuos o una batalla entre dos ejércitos. Debéis observar reflexivamente, con una conciencia global de toda la escena, así como una atención precisa a los pequeños detalles.

La amplia escala es fácil de ver, la pequeña escala es difícil de ver. Para ser concreto, es imposible invertir la dirección de un gran grupo de personas de una vez, mientras que la pequeña escala es difícil de conocer, porque en el caso de un individuo existe sola una voluntad implicada y pueden hacerse cambios rápidamente. Esto debe de ser considerado cuidadosamente.

Como los asuntos de este Manuscrito del Fuego son cosas que suceden en un instante, en las artes marciales es esencial practicar diariamente para lograr familiarizarse con ellas, tratándolas como asuntos ordinarios, de forma que la mente permanezca inmutable. Escribo sobre la lucha en la batalla en este Manuscrito del Fuego.

El cuarto es el *Manuscrito del Aire*. La razón por la que llamo a este manuscrito el Manuscrito del Aire es porque no trata de mi propia escuela; es aquí donde escribo sobre las diversas escuelas de las artes marciales que existen en el mundo. En lo que respecta a utilizar la palabra aire, utilizamos esta palabra para simbolizar «estilo» o «manera de ser», al hablar de cosas como el antiguo estilo, el estilo de nuestro tiempo y forma de ser de las diversas cosas; así, aquí escribo definitivamente sobre las técnicas de las diversas escuelas de artes marciales que existen en el mundo. Esto es «aire». A menos que entendáis realmente a los demás, difícilmente podréis alcanzar la comprensión de vosotros mismos.

En la práctica de cada forma de vida y de cualquier trabajo, existe un estado de mente del que se dice que está desviado. Aunque os esforcéis diligentemente en vuestro propio camino día tras día, si vuestro corazón no está de acuerdo con él, aunque penséis que estáis en el buen camino, desde el punto de vista de la justicia y de la verdad, no es un auténtico camino. Si no seguís un auténtico camino hasta el final, una pequeña maldad al principio se convierte en una gran perversión. Reflexionad sobre esto.

No es de extrañar que el mundo considere que las artes marciales consisten sólo en la esgrima. En lo que respecta a los principios y tácticas de las artes marciales, esto no es así en absoluto. Escribo sobre las otras escuelas en este Manuscrito del Aire para dar a conocer al mundo las artes marciales.

En quinto lugar está el *Manuscrito del Vacío*. La razón de que este manuscrito se titule Vacío es porque, una vez que hablamos de «vacío», ya no podemos definir las profundidades interiores en términos de callejón superficial. Cuando se alcanza un principio, uno se desapega del principio; de esta suerte, posee uno una independencia espontánea en la ciencia de las artes marciales y, de forma natural, logra hacer maravillas: discerniendo el ritmo cuando llega el momento, uno golpea sin pensar y logra resultados de forma natural. En esto consiste toda la vía del vacío. En el Manuscrito del Vacío he escrito sobre la entrada natural en la verdadera vía.

Sobre la denominación de esta escuela individual, «Escuela de los Dos Sables»

Hablamos de los sables porque es obligación de todos los guerreros, tanto oficiales como soldados, llevar dos sables. Antiguamente éstos se llamaban *tachi* y *katana*, o el gran sable y el sable; actualmente se llaman *katana* y *wakizashi*; o sable y arma que se lleva al costado. No es necesaria una exposición detallada de los motivos de los guerreros de llevar dos sables. En Japón, la costumbre de los guerreros es llevarlos a ambos lados, tanto si se sabe manejarlos como si no. He llamado a nuestra escuela, Escuela de los Dos Sables, para señalar las ventajas de llevar los dos sables.

En cuanto a la lanza, la alabarda y otras armas, se consideran parte del equipo del guerrero.

En nuestra escuela, lo principal para los principiantes es practicar la ciencia de empuñar los sables, el largo en una mano y el corto en la otra. Cuando la vida de uno está en peligro, se desea utilizar todas las armas de que disponemos. Ningún guerrero querrá morir teniendo sus sables enfundados; sin embargo, cuando se sostiene algo en cada mano, es difícil esgrimir con la misma libertad la izquierda y la derecha; mi objetivo es que os acostumbréis a manejar el sable largo con una mano.

Con armas largas como la lanza y la alabarda, no existe ninguna elección; pero el sable largo y el corto son armas que pueden ser manejadas con una mano.

El problema de manejar un sable largo con ambas manos es que no es fácil hacerlo a caballo, y no es adecuado cuando se corre precipitadamente, es difícil en un terreno pantanoso, en campos embarrados, planicies pedregosas, caminos frecuentados o lugares abarrotados.

Cuando se tiene un arco o una espada en la mano izquierda, o cualquier otra arma que se esté manejando, se puede empuñar el sable largo con una sola mano; por ello, manejar el sable largo con ambas manos no es la auténtica vía.

Cuando es imposible golpear a muerte utilizando una sola mano, utilizad entonces las dos manos para hacerlo. Esto no debería exigir un gran esfuerzo. La Escuela de los Dos Sables es un método para aprender a manejar el sable largo con una mano; su objetivo es acostumbrar primero a las personas a manejar el sable largo con una sola mano.

El sable largo le parece pesado e inmanejable a todo el mundo al principio, pero cualquier cosa es así cuando se empieza: el arco es difícil de tensar, y es duro de empuñar la alabarda. En cualquier caso, cuando os familiarizáis con cada arma, os

Sobre el conocimiento de las ventajas de las armas en las artes marciales

Al distinguir las ventajas de las armas de los guerreros, descubrimos que, cualquiera que sea el arma, existe un momento y una situación en la que ésta es apropiada.

El sable de corto es principalmente ventajoso en lugares reducidos, o en sitios estrechos, cuando estáis muy cerca de vuestro adversario. El sable largo tiene generalmente usos apropiados en cualquier situación. La alabarda parece ser inferior a la lanza en el campo de batalla. La lanza es la vanguardia, la alabarda es la retaguardia. Dado el mismo grado de entrenamiento, alguien con una lanza tiene un poco de ventaja.

Tanto la lanza como la alabarda dependen de las circunstancias. Ninguna de las dos es muy útil en acciones con mucha gente. Ni siquiera son apropiadas para hacer prisioneros; deben reservarse para el campo de batalla. Son armas esenciales en batallas campales. Sin embargo, si aprendéis a utilizarlas en las salas de ejercicios, centrando la atención en pequeños detalles y perdiendo así el método real, difícilmente podrán ser adecuadas.

El arco también se adapta al campo de batalla, para llevar a cabo cargas y retiradas estratégicas; es excelente en las batallas a campo abierto, porque puede dispararse rápidamente y de inmediato contra las filas de los lanceros u otros. Sin embargo, es inadecuado para asediar un castillo y para situaciones en las que el adversario se encuentra a más de doscientos metros.

Actualmente, no sólo el arco, sino también las demás artes poseen más flores que frutos. Dichas técnicas son inútiles cuando se presenta una auténtica necesidad.

Dentro de las murallas del castillo nada es comparable al arma de fuego [7] desde que empieza la batalla. No obstante una vez que se ha empezado la lucha cuerpo a cuerpo, aquélla ya no es adecuada.

Una de las virtudes del arco consiste en que podéis ver el trazado de las flechas que disparáis, lo cual es bueno. Parte de lo inadecuado de un arma de fuego es que no puede verse la trayectoria de las balas. Habría que considerar esto con atención.

En cuanto a los caballos, es esencial que sean fuertes pero no fogosos.

Hablando en términos generales de las armas del guerrero, un caballo debe ser un buen trotador, sables largo y corto deben cortar perfectamente, la lanza y la alabarda deben penetrar profundamente, y el arco y el arma de fuego deben ser resistentes y exactos.

No tenéis que apegaros especialmente a ningún arma en particular, o a ninguna otra cosa, esto es importante. El exceso es lo mismo que la insuficiencia. Sin limitar a nadie, debéis tener tantas armas como convenga. Mantener gustos y aversiones es malo tanto para los oficiales como para los soldados. El pensamiento pragmático es esencial.

Sobre el ritmo de las artes marciales

El ritmo es algo que existe en todo, pero los ritmos de las artes marciales en particular son difíciles de dominar sin ejercitar la práctica.

El ritmo se manifiesta en el mundo en cosas como la danza y la música, las flautas y los instrumentos de cuerda. Todo esto son ritmos armoniosos.

En el campo de las artes marciales existen ritmos y armonías en el tiro con arco, el tiro con armas de fuego e incluso en la equitación. En cualquier arte y en cualquier ciencia no debe ignorarse el ritmo.

Existe incluso un ritmo en estar vacío.

En la vida profesional de un guerrero existen ritmos para ascender de rango y ritmos para descender, ritmos de satisfacción y ritmos de frustración.

En el campo del comercio existen ritmos para hacerse rico y ritmos para perder la propia fortuna.

La armonía y la falta de armonía en el ritmo se presenta en todas las formas de vida. Es imperativo distinguir cuidadosamente entre los ritmos de la floración y los ritmos de la decadencia en cada cosa específica.

Son diversos los ritmos de las artes marciales. En primero lugar, conocer los ritmos correctos y comprender los ritmos erróneos, y discernir los ritmos apropiados entre los ritmos grandes y pequeños, lentos y rápidos. Conocer los ritmos de las relaciones espaciales y los ritmos de inversión. Esos asuntos son especialidades de la ciencia marcial. A menos que entendáis estos ritmos de inversión, no podréis confiar en vuestro arte marcial.

La forma de ganar una batalla según la ciencia militar es conocer los ritmos de los adversarios concretos y utilizar los ritmos que vuestros adversarios no esperan, produciendo ritmos sin formas a partir de ritmos de sabiduría.

Con la ciencia de las artes marciales de nuestra escuela expuesta previamente se amplía la mente de forma natural mediante la práctica diligente día y noche; transmitiéndola al mundo como una ciencia colectiva e individual, pongo por escrito por primera vez estos cinco manuscritos titulados Tierra, Agua, Fuego, Aire y Vacío.

Para las personas que quieran aprender mi ciencia militar, existen normas para el aprendizaje de este arte:

1. Considerad lo que es correcto y verdadero.

2. Practicad y cultivad la ciencia.
3. Familiarizaos con las artes.
4. Conoced los principios del oficio.
5. Entended el perjuicio y el beneficio de cada cosa.
6. Aprended a ver cada cosa con exactitud.
7. Tomad conciencia de lo que no es obvio.
8. Sed cuidadosos incluso en los asuntos pequeños.
9. No hagáis nada que sea inútil.

Hablando en general, la ciencia de las artes marciales debe practicarse teniendo estos principios en mente. En esta ciencia particular difícilmente podéis convertiros en maestros de las artes marciales, a menos que podáis ver de inmediato en un contexto amplio. Una vez que hayáis aprendido este principio, no deberíais ser derrotados en ningún combate individual contra veinte o treinta adversarios.

Ante todo, mantened las artes marciales en vuestro espíritu y trabajad diligentemente de una forma directa; entonces podréis vencer con vuestras manos y también podréis derrotar a los demás viendo con vuestros ojos. Es más cuando refinéis vuestra práctica hasta el punto de alcanzar la libertad de todo el cuerpo, podréis vencer a los demás por medio de vuestro cuerpo. Y puesto que vuestro espíritu está entrenado en esta ciencia, podréis también vencer a los demás por medio del espíritu. Cuando alcancéis este punto, ¿cómo podríais ser derrotados por los demás?

De la misma forma, la ciencia militar a gran escala consiste en un asunto de ganar conservando a la gente buena, empleando gran número de personas, de ganar en la actitud correcta de la conducta personal, de ganar en gobernar a las naciones, de ganar en cuidar del pueblo humilde, de ganar en el cumplimiento de las costumbres sociales. En cualquier campo de actividad, el conocimiento de cómo evitar la derrota frente a los demás, cómo ayudarse a sí mismo y cómo incrementar el propio honor es parte de la ciencia militar.

El Manuscrito del Agua

水

El núcleo de la escuela de los Dos Cielos de las artes marciales se basa en el agua; y al poner los métodos del arte de la ventaja en práctica, llamo a éste el Manuscrito del Agua, y en él escribo el sistema del sable largo de nuestra escuela.

Es absolutamente imposible escribir esta ciencia con la precisión con la que la entiendo en mi corazón. Sin embargo, aunque las palabras sean insuficientes, los principios deben ser evidentes por sí mismos. En cuanto a lo que está escrito aquí, podéis deteneros sobre cada una de las palabras. Si pensáis en ellas de una manera general, malinterpretáis muchas cosas.

En lo que respecta a los principios de las artes marciales, aunque he escrito en varios lugares en términos de duelo entre dos personas, es esencial entenderlas en términos de batallas entre dos ejércitos, viéndolas a amplia escala.

En esta forma de vida en particular, si erráis el camino, aunque sea ligeramente, si os desviáis de la vía justa, caeréis en estados negativos.

La ciencia de las artes marciales no consiste simplemente en leer estos escritos. Al aceptar personalmente lo que está escrito aquí, no penséis simplemente que estáis leyendo o aprendiendo, no hagáis ninguna imitación; tomad los principios como si estuvierais descubriéndolos por vuestro propio espíritu, identificaos con ellos constantemente y trabajad sobre ellos cuidadosamente.

La actitud del espíritu en las artes marciales

En la ciencia de las artes marciales, el estado de espíritu debe seguir siendo el mismo que en la vida cotidiana; lo mismo que cuando practicáis las artes marciales, no permitáis que haya ningún cambio: con el espíritu abierto y directo, ni tenso ni demasiado relajado, manteniendo la mente centrada de forma que no haya desequilibrio, relajad tranquilamente vuestra mente y saboread totalmente ese momento de tranquilidad, de forma que la relajación no se detenga ni siquiera un instante.

Aunque estéis tranquilos, vuestro espíritu está alerta, aunque estéis apremiados, vuestro espíritu no está apremiado. La mente no es arrastrada por el cuerpo, y el cuerpo no es arrastrado por la mente. Poned atención a la mente, no al cuerpo. No permitáis que haya insuficiencia ni exceso en vuestra mente. Aunque superficialmente tengáis el ánimo débil, permaneced fuertes por dentro y no dejéis que otros vean vuestra mente. Esto es esencial para aquellos que son físicamente pequeños para saber cómo ser grandes, y para aquellos que son físicamente grandes para saber cómo ser pequeños; tanto si sois físicamente grandes como si sois pequeños, es esencial mantener vuestro espíritu libre de desviaciones subjetivas.

Dejad vuestro espíritu despejado y abierto, poniendo vuestro intelecto en un vasto plano. Es esencial pulir diligentemente el intelecto y el espíritu. Una vez que hayáis utilizado vuestro intelecto hasta el punto en el que podéis distinguir lo que es verdad y lo que no lo es en el mundo, en el que podéis decir lo que es bueno y lo que es malo, y cuando ya habéis experimentado varios dominios y ya no podéis ser engañados en absoluto por la gente, vuestro espíritu habrá quedado imbuido del conocimiento y de la sabiduría del arte de la guerra.

Existe algo especial sobre el conocimiento del arte de la guerra. Es imprescindible dominar los principios del arte de la guerra y aprender a permanecer como un espíritu inmutable incluso cuando estáis en el corazón de la batalla.

Actitud física en las artes marciales

En lo que respecta a la apariencia física, el rostro no debe mirar hacia abajo, hacia arriba ni ladearse. Vuestra mirada debe ser fija. No arruguéis la frente, pero formad un surco entre las cejas. Mantened inmóviles los ojos e intentad no parpadear. Cerrad ligeramente los ojos. Tratad de mantener una expresión serena en el rostro, con la nariz recta y la barbilla ligeramente adelantada.

La parte posterior del cuello debe permanecer recta, debe centrarse la fuerza en la nuca. Sintiendo todo el cuerpo desde los hombros hacia abajo como una unidad, bajad los hombros, mantened la columna vertebral recta y no sentéis las nalgas. Concentrad el poder en las partes inferiores de las piernas desde las rodillas hasta la punta de los dedos del pie. Tensad el abdomen de forma que el pecho no se hunda.

Existe una enseñanza llamada «ajustar la cuña», que significa que el abdomen es sujetado por la vaina del sable corto, de forma que el cinturón no quede suelto.

Hablando en términos generales, es esencial hacer que vuestro porte general sea el porte que mantenéis en las artes marciales, y haced que el porte que mantenéis en las artes marciales sea vuestro porte ordinario. Esto debe ser considerado con atención.

El enfoque de los ojos en las artes marciales

Los ojos deben enfocarse para optimizar el alcance y amplitud de la visión. La observación y la percepción son dos cosas separadas; el ojo que observa es más fuerte, el ojo que percibe es más débil. Una especialidad de las artes marciales es ver de cerca lo que está lejos y ver lo que está cerca con distancia. Este asunto de enfocar los ojos es el mismo en la ciencia militar a pequeña o a gran escala.

En las artes marciales es importante ser consciente de los sables de los adversarios, de no mirar dichos sables para nada. Esto cuesta trabajo.

Es esencial ver ambos lados sin mover los globos oculares.

Cosas como éstas son difíciles de dominar al mismo tiempo cuando tenéis prisa. Recordad lo que está escrito aquí, acostumbraos constantemente a este enfoque de los ojos y encontrad el estado en el que el enfoque de vuestros ojos no cambia suceda lo que suceda.

Cómo empuñar el sable largo

Al empuñar el sable largo, el pulgar y el índice ejercen una ligera presión, el dedo corazón se mantiene ni demasiado suelto ni demasiado apretado, mientras que los dedos anular y meñique se mantienen apretados. No debe haber flojedad en la mano.

El sable largo debe empuñarse con el pensamiento de que es algo para matar al adversario. No permitáis que cambie vuestra manera de empuñar cuando estéis golpeando a adversarios, haced que vuestra forma de empuñar sea de tal manera que vuestra mano no vacile. Cuando golpeéis el sable del adversario, lo bloqueéis o lo neutralicéis, sólo debéis modificar ligeramente la posición del pulgar y del índice; pero en cualquier caso, podréis empuñar vuestro sable con el pensamiento de matar.

Vuestra manera de asir el sable no debe ser diferente cuando cortéis algo para comprobar su filo que cuando golpeáis en medio del combate, asiendo siempre el sable como si fuerais a matar a un hombre.

Hablando en términos generales, hay que evitar el agarrotamiento y la posición fija, tanto en el sable como en la mano. La posición fija es el camino de la muerte, la fluidez es el camino de la vida. Esto es algo que debe ser entendido.

Sobre el movimiento de los pies

En lo que respecta a los pies, debéis manteneos firmemente sobre los talones dejando al mismo tiempo libres los dedos de los pies. Que vuestros pasos sean largos o cortos, lentos o rápidos, según la situación, pero debéis caminar siempre como lo hacéis normalmente. Deben evitarse los pasos inseguros, inconstantes y ruidosos.

Entre los elementos importantes de esta ciencia se halla lo que se llama pasos complementarios. Pasos complementarios significa que no os movéis sólo con un pie. Cuando arremetéis, retrocedéis o incluso cuando paráis un golpe, movéis el pie derecho-izquierdo-derecho izquierdo, con pasos que se complementan. Poned atención en no manteneos sólo sobre un pie. Esto es algo que exige un atento examen.

Cinco maneras de ponerse en guardia

Las cinco maneras de ponerse en guardia **[8]** son la posición superior, la posición media, la posición inferior, en guardia por la derecha y en guardia por la izquierda. Aunque pueden dividirse estas formas de guardia en cinco clases, todas ellas tienen como objetivo matar. No existen otras formas de guardia además de estas cinco.

Cualquiera que sea la guardia que adoptéis, no penséis en ellas como en una posición defensiva; consideradla como una parte del acto de matar.

Las posiciones superior, media, inferior, son guardias sólidas, mientras que las dos posiciones laterales son guardias fluidas. Las guardias por la derecha y por la izquierda son adecuadas para lugares en donde no hay espacio por encima de la cabeza o a los lados. El decidir adoptar la guardia derecha o izquierda se decide según el caso.

Lo que es importante en este camino es darse cuenta de que es más perfecta la guardia media. En esta guardia media se encierra toda la ciencia de ponerse en guardia. Consideradla en términos de ciencia militar a gran escala: el centro corresponde a la posición del general, mientras que las otras cuatro guardias le siguen. Esto debe examinarse atentamente.

La vía del sable largo

Conocer la vía del sable largo significa que aunque estés sosteniendo el sable con dos dedos, sabréis cómo hacerlo y blandirlo fácilmente.

Cuando intentéis blandir rápidamente el sable largo, os desviáis de la vía del sable largo y, por tanto, es difícil de manejar. El asunto consiste en blandir el sable largo tranquilamente, de forma que sea fácil de hacer.

Cuando intentáis manejar con rapidez el sable largo, de la misma forma que podéis utilizar un abanico o un sable corto os desviáis de la vía del sable largo, de forma que es difícil de blandir. A esto se llama «trinchar con el sable corto» y es ineficaz para matar a un hombre con el sable largo.

Cuando golpeáis hacia abajo con el sable largo, retiradlo de una forma cómoda. Cuando lo blandís a los costados, volvedlo a su posición inicial de la forma convencional. Estirad el codo lo más posible y blandir con la fuerza es la vía del sable largo.

Procedimientos de las cinco técnicas convencionales.

Primera técnica

La guardia se halla en la posición media, con la punta del sable apuntando hacia el rostro del adversario. Cuando cerráis filas contra el adversario, y éste golpea con el sable largo, contrarrestad su ataque desviándolo hacia la derecha. Cuando el adversario golpea de nuevo, haced retroceder la punta de su sable hacia atrás y hacia arriba; dejad vuestro sable como está, una vez que ha rebotado hacia abajo, hasta que el adversario ataque de nuevo; en ese momento golpeáis las manos del adversario desde abajo.

Las cinco técnicas convencionales son difíciles de entender sólo escribiendo sobre ellas. Las cinco técnicas convencionales deben de ser practicadas con el sable en la mano. Mediante estas cinco nociones generales del sable, conoceréis mi ciencia sobre su manejo y serán también evidentes las técnicas empleadas por los adversarios. Quiero decir que no existen más que cinco guardias en el método de Los Dos Sables en la esgrima. El entrenamiento y la práctica son imprescindibles.

Segunda técnica

La guardia se halla en la posición superior, y golpeáis al adversario en el mismo momento en que éste intenta golpearos. Si vuestro sable no da al adversario, dejadlo por unos instantes, hasta que éste ataque de nuevo. En ese momento golpeáis por debajo haciendo un barrido hacia arriba. El mismo principio puede aplicarse cuando ataquéis de nuevo.

Dentro de esta técnica existen diversos estados de espíritu y varios ritmos. Si practicáis el entrenamiento de mi escuela por medio de lo que subyace en esta técnica, obtendréis un conocimiento completo de las cinco formas de esgrima y podréis vencer en cualquier circunstancia. Sólo requiere práctica.

Tercera técnica

El sable se mantiene en la posición inferior; con la determinación de tomar los asuntos en mano; cuando el adversario ataca de nuevo; cuando intente haceros perder el sable, llevadlo hacia arriba al mismo ritmo, y seguidamente golpead sus brazos a ambos lados después de que haya atacado. La cuestión es abatir de una vez al adversario desde la posición inferior, justo en el momento en el que él golpea. La guardia con el sable en la posición inferior es algo que aparece al principio y posteriormente en el proceso de la práctica de esta ciencia; ésta debe de ser practicada con el sable en la mano.

Cuarta técnica

Se mantiene el sable horizontalmente al lado izquierdo, para golpear las manos del adversario desde abajo cuando él intenta atacar. Cuando el adversario intenta haceros perder el sable golpeando hacia arriba desde abajo, bloquead la trayectoria de su sable inmediatamente, con la idea de herir sus manos y cortar diagonalmente hacia arriba, hacia vuestro hombro. Ésta es la forma de manejar un sable largo. Ésta es también la forma de vencer, bloqueando la trayectoria del sable del adversario si éste intenta atacar de nuevo. Esto debe considerarse atentamente.

Quinta técnica

El sable se mantiene horizontalmente a la derecha. Cuando localizáis el ataque del adversario, blandís vuestro sable desde el lado inferior en diagonal hacia arriba hasta la posición de guardia superior, y después golpeáis directamente desde arriba. Esto es también esencial para adquirir la maestría en la utilización del sable largo. Cuando podáis empuñar un sable conforma a esta técnica, podréis empuñar con libertad un sable largo y pesado.

Estas cinco técnicas convencionales no deben ser descritas con detalle. Para comprender la utilización del sable largo en mi escuela, y comprender también de forma general los ritmos y distinguir las tácticas de esgrima de los adversarios, primero utilizad estas cinco técnicas para desarrollar constantemente vuestras habilidades. Incluso cuando luchéis contra adversarios, perfeccionad el uso del sable largo, sintiendo el espíritu del adversario, utilizando los diversos ritmos y obteniendo la victoria de cualquier forma. Esto exige un atento discernimiento.

Sobre la enseñanza de tener una posición sin tenerla

Tener una posición sin tenerla, o una guardia sin guardia, significa que el sable largo no debe ser mantenido en una posición fija. Sin embargo, puesto que existen cinco formas de colocar el sable, las guardias deben conformarse a ellas. Dónde mantenéis el sable depende de vuestra relación con el adversario, depende del lugar y debe adecuarse a la situación; siempre que lo empuñéis, la idea que ha de tenerse en mente es que debe ser fácil matar al adversario.

A veces, en la posición de guardia superior se desciende un poco, de forma que se convierte en una posición media, mientras que la guardia media puede elevarse un poco, dependiendo de la ventaja que se obtenga de ello, de forma que se convierte en una posición superior. En ocasiones, la guardia inferior también se eleva un poco, para convertirse en una posición media. Las dos posiciones laterales pueden también desplazarse un poco hacia el centro, dependiendo de si estáis frente a frente con vuestro adversario, obteniendo como consecuencia bien una guardia media o una guardia inferior.

De esta forma, el principio consiste en tener una posición en guardia sin tener una posición. Ante todo, cuando levantáis el sable, en cualquier caso la idea es de matar al adversario. Aunque interceptemos, golpeemos o bloqueemos el golpe del sable del adversario, e inmovilicemos u obstruyamos su trayectoria, todos estos movimientos son oportunidades para hendir al adversario. Hay que entender esto. Si pensáis en interceptar, golpear, bloquear, inmovilizar u obstruir la trayectoria, con ello seréis incapaces de matar. Es esencial pensar en todo como una oportunidad de matar. Esto debe ser considerado atentamente.

En la ciencia militar a gran escala, la disposición de las tropas es también un asunto de colocación. Por ello, cada caso es una oportunidad para ganar una guerra. La posición fija es mala. Esto debe de ser trabajado con profundidad.

Golpear al adversario en un solo compás

Entre los ritmos utilizados para golpear a un adversario existe lo que se llama un solo compás. Encontrando una posición en la que podéis alcanzar al adversario, dándonos cuenta del momento en el que éste todavía no ha decidido qué hacer, golpeáis directamente, lo más rápidamente posible, sin mover vuestro cuerpo ni fijar vuestra atención.

El golpe con el que golpeáis al adversario antes de que haya pensado en retirarse, parar el golpe o golpear se llama un solo compás. Una vez que habéis aprendido bien este ritmo, debéis practicar el golpe intermedio de una forma rápida.

El ritmo de la segunda primavera

Se da cuando estáis a punto de golpear y el adversario retrocede rápidamente o para el golpe; fingid un ataque y después golpead al adversario cuando se relaja después de la tensión. Éste es el golpe de la segunda primavera.

Será muy difícil llevar a cabo este golpe simplemente leyendo este libro. Es algo que debéis entrenar una vez que habéis recibido la instrucción.

Golpear sin pensamiento ni forma

Cuando vuestro adversario va atacar, vosotros os disponéis a hacer lo mismo, vuestro cuerpo tiene una posición ofensiva y vuestra mente está también a la ofensiva; vuestras manos golpean espontáneamente a partir del espacio con una velocidad y una fuerza añadidas. A esto se llama golpear sin pensamiento ni forma, y es el golpe más importante. Os encontraréis con este golpe una y otra vez. Es algo que requiere ser bien aprendido y perfeccionado con la práctica.

El golpe del curso del agua

El golpe del curso del agua se utiliza cuando estáis frente a frente con el adversario y éste intenta retroceder, esquivar o parar vuestro sable rápidamente: expandiendo el cuerpo y la mente, blandís el sable desde detrás de vosotros de una forma completamente relajada, como si dudarais, y golpeáis con un golpe fuerte y poderoso.

Una vez que hayáis aprendido esta clase de golpe, con toda certeza es fácil golpear. Es esencial distinguir la posición del adversario.

El golpe al azar

Cuando lanzáis una ofensiva y el adversario intenta detener o parar el golpe, golpeáis su cabeza, manos y pies de una sola vez. Golpear donde podéis con un solo golpe del sable largo se llama golpear al azar. Cuando aprendáis este golpe, os daréis cuenta que siempre es útil. Es algo que exige un discernimiento exacto en el transcurso de un duelo.

El golpe centella

El golpe centella se produce cuando el sable de vuestro adversario y vuestro sable están bloqueados juntos y golpeáis lo más fuerte que podéis sin levantar en absoluto vuestro sable. Hay que golpear rápidamente, poniendo la fuerza en las piernas, el torso y las manos.

Este golpe es difícil de realizar sin una práctica repetida.

Si lo cultiváis hasta la perfección, tiene un poderoso impacto.

El golpe de las hojas carmesí

La idea del golpe de las hojas carmesí[9] consiste en golpear el sable del adversario desviándolo hacia abajo, subiendo de nuevo vuestro sable. Cuando un adversario está blandiendo un sable ante vosotros intentando atacar, golpear o defenderse, golpeáis con fuerza el sable del adversario con el espíritu de «golpear sin pensamiento y sin forma» o incluso el del «golpe centella». Cuando ejecutáis correctamente esta técnica, golpeando con la punta del sable hacia abajo (*kissakisagari*), el sable de vuestro adversario caerá irremediablemente.

Si cultiváis este ataque hasta la perfección, os será fácil hacer caer un sable. Esto debe ser bien practicado.

El cuerpo en lugar del sable

En ese sentido, el cuerpo también puede ser llamado el cuerpo que sustituye al sable. En general, cuando tomáis la ofensiva, vuestro sable y vuestro cuerpo no se lanzan al ataque simultáneamente. Dependiendo de vuestras oportunidades de golpear al adversario, primero adoptáis una postura ofensiva con vuestro cuerpo, y vuestro sable golpea con independencia de vuestro cuerpo.

A veces, podéis golpear con vuestro sable sin mover el cuerpo, pero generalmente éste inicia primero la ofensiva, seguida por el golpe del sable. Esto requiere una observación y práctica atentas.

Golpear y alcanzar

Por *golpear* y *alcanzar* quiero dar a entender dos cosas diferentes. El sentido de *golpear* consiste en que, sea cual fuere el golpe que empleéis, lo hacéis de una manera deliberada y certera. *Alcanzar* significa algo como chocar con alguien. Aunque alcancéis a vuestro adversario de forma tan grave que muera en el acto, esto significa alcanzar. Un golpe se produce cuando vosotros consciente y deliberadamente asestáis el golpe que queréis dar. Esto exige inspección y reflexión.

Alcanzar a un adversario en las manos o en las piernas significa «tocarle» primero, para asestar un poderoso golpe tras esa rozadura. Alcanzar significa algo así como «sondear». Si realmente aprendéis a dominar esto, será algo extraordinario. Esto cuesta trabajo.

El cuerpo del mono de brazos cortos

La postura del mono de brazos cortos significa no alcanzar con la mano. La idea consiste en que cuando estáis cerca de un adversario, lo alcancéis rápidamente, antes de que éste ataque, sin avanzar en absoluto las manos.

Cuando intentáis avanzarlas, vuestro cuerpo se queda invariablemente detrás. Así pues, la idea consiste en mover todo el cuerpo rápidamente para entrar en la defensa del adversario. Es fácil llegar al cuerpo a cuerpo si está al alcance de la mano. Esto debe ser investigado con atención.

El cuerpo pegado

Esto significa entrar en el espacio de un adversario y pegarse rápidamente a él. Cuando entráis dentro de las defensas del adversario, debéis pegaros con fuerza a su cabeza, a su cuerpo y a sus piernas. La mayoría de las personas consiguen hacerlo rápidamente con su cabeza y sus piernas, pero el cuerpo se queda atrás. Pegarse a un adversario significa que os pegáis con tanta proximidad que no dejáis espacio entre vuestros cuerpos. Esto debe ser investigado cuidadosamente.

Competir en estatura

Significa que cuando estáis cerca de un adversario, bajo cualquier circunstancia, estiráis las piernas, el pecho y el cuello de forma que vuestro cuerpo no se contraiga, acercándoos a él con fuerza, ponéis vuestro rostro a la altura del rostro del adversario, como si quisierais comparar la estatura y demostrar que sois el más alto de los dos. El punto esencial consiste en maximizar vuestra altura y acercaos totalmente. Esto exige un trabajo cuidadoso.

Adherirse

Cuando vuestro adversario y vosotros atacáis, y vuestro adversario detiene vuestro ataque, la idea es acercaros con vuestro sable pegado a su sable. Adherirse significa que es difícil separar el sable. Debéis mantenerlo pegado con mucha fuerza. Se trata de mantener el sable como si estuviera pegado, cuando os acercáis, con independencia de la tranquilidad con que os mováis.

Existe el estar pegado y existe el estar trabado. Estar pegado es más fuerte que el estar trabado. Estas cosas deben ser distinguidas.

El ataque con el cuerpo

Se produce cuando os acercáis al costado del adversario y golpeáis con vuestro cuerpo. Ladeando ligeramente vuestro rostro y avanzando vuestro hombro izquierdo, lo golpeáis en el pecho.

Al golpearlo, ejerced toda la fuerza posible con vuestro cuerpo; al golpear, la idea consiste en acercarse con un salto en el momento de máxima tensión.

Una vez que habéis aprendido a acercaros de esta manera, podéis proyectar al adversario varios metros hacia atrás. Es incluso posible golpear a un adversario con tanta fuerza que éste muera.

Esto exige un total entrenamiento y práctica.

Tres clases de parada

Cuando atacáis a un adversario, para parar el golpe de su sable, haciendo como si quisierais herirlo en los ojos, desviáis su sable hacia vuestra derecha con vuestro sable, parando así el ataque.

También existe lo que se llama la parada de apuñalamiento. Haciendo como si quisierais apuñalar al adversario en el ojo derecho, con la intención de cortar su cuello, paráis el golpe del sable del adversario con una estocada de apuñalamiento.

Igualmente, cuando un adversario ataca y vosotros os acercáis con un sable corto, sin prestar mucha atención a parar el ataque con el sable, os acercáis a él como si quisierais golpear su rostro con vuestra mano izquierda.

Éstas son las tres clases de parada. Esto es algo que exige un completo entrenamiento y práctica.

Apuñalar la cara

Cuando estáis igualados con un adversario, es esencial conservar en mente apuñalarles la cara con la punta de vuestro sable en los intervalos que existen entre los golpes del sable de vuestro adversario y vuestros propios golpes. Cuando tenéis la intención de apuñalar la cara de vuestro adversario, éste intentará poner el cuerpo y su rostro fuera de alcance. Cuando logréis que vuestro adversario haya retrocedido, habéis conseguido varias ventajas de las que os podéis servir para ganar. Debéis trabajar esto cuidadosamente.

En medio de la batalla cuando un adversario intente ponerse fuera de alcance, ya habéis ganado. Por ello es imprescindible no olvidar la táctica de «apuñalar la cara». Esto debe cultivarse en el transcurso de la práctica de las artes marciales.

Apuñalar el corazón

Apuñalar el corazón se utiliza cuando se combate en un lugar donde no hay espacio para hacer movimientos cortantes de sable por encima de la cabeza hacia los lados, de forma que apuñaláis al adversario. Para hacer fallar el sable del adversario, tenéis que dirigir la parte montante de vuestro sable directamente hacia vuestro adversario, haciéndolo retroceder un poco, de forma que el sable no se descentre y se pueda hundir en su pecho.

Este movimiento es especialmente útil cuando estáis cansados o cuando vuestro sable no corta. Es imprescindible discernir cada caso de una forma experta.

El grito

Dos clases de gritos (*katsu* y *totsu*) se utilizan cuando lanzáis un ataque para vencer a un adversario y éste responde; surgiendo desde abajo como si fuerais a apuñalar al adversario, ejecutáis un contraataque.

En cualquier caso, lanzáis los dos gritos sucesiva y rápidamente. La idea consiste en apuñalar hacia arriba con un *katsu* y después golpear con un *totsu*.

Este movimiento puede utilizarse siempre en un duelo. La forma de alcanzar ambos gritos es elevando la punta del sable en el sentido de apuñalar y entonces golpear inmediatamente mientras se eleva el sable. El ritmo debe practicarse bien y examinado atentamente.

La parada con golpe

Cuando intercambiáis golpes con un adversario en un duelo y golpeáis en el sable del adversario con vuestro propio sable cuando él golpea, a esto se le llama la parada con golpe. La idea de parar con un golpe no es la de golpear muy fuerte, ni la de sostener o bloquear; respondiendo al ataque del sable del adversario, asestáis un golpe en el sable que golpea e inmediatamente atacáis al adversario.

Es esencial ser el primero en golpear. Si el ritmo de vuestro ataque de parada es correcto, por poderoso que sea el golpe de vuestro adversario, mientras que tengáis intención mantenida de golpear, no se inclinará la punta de vuestro sable. Esto debe aprenderse con la práctica y examinarse cuidadosamente.

Una posición contra muchos adversarios

Una posición contra muchos adversarios se presenta cuando el individuo lucha solo contra un grupo. Manejando tanto el sable largo como el sable corto, lo mantenéis a la izquierda y a la derecha extendiéndolos horizontalmente. La idea es que si los adversarios os llegan de los cuatro costados, los obliguéis a situarse en un solo lugar.

Cuando distinguís el orden en el que os atacan los adversarios, ocuparos de aquellos que van en vanguardia primero; manteniendo un ojo sobre toda la situación, y determinando las posiciones desde las que los adversarios lanzan sus ataques, blandiendo ambos sables al mismo tiempo sin que interfieran entre sí, es erróneo esperar. La idea consiste en adoptar inmediatamente la posición de alerta con ambos sables preparados a los lados cuando un adversario avanza, para bloquearlo con un poderoso ataque, dominarlo y después volverse al próximo adversario que llega y partirlo por la mitad.

Intentad reunir a vuestros adversarios en una sola línea cuando parecen estar retrocediendo, y atacad con fuerza sin permitir un momento de descanso.

Será difícil avanzar si os limitáis a atacar a vuestros adversarios en masa. Entonces, una vez más, si pensáis vencerlos uno tras otro a medida que van llegando, tendréis una sensación de espera y dificultades en vuestro avance. Se trata de ganar sintiendo los ritmos de los adversarios y sabiendo dónde fallan.

Si tenéis de vez en cuando un grupo de practicantes y aprendéis cómo arrinconarlos, es posible dominar a un adversario, a diez, o incluso a veinte, si se mantiene la paz de espíritu, esto exige una total práctica y consideración.

La ventaja en el duelo

La ventaja en el duelo significa comprender cómo obtener la victoria utilizando el sable largo según las leyes de las artes marciales. Esto no puede ser escrito con detalle; uno debe darse cuenta de cómo ganar por medio de la práctica. Ésta es la utilización del sable largo que revela la verdadera ciencia de las artes marciales; es transmitida verbalmente.

El golpe único

Esto significa obtener la victoria con certeza mediante la precisión de un solo golpe. Esto no puede comprenderse son aprender bien las artes marciales. Si practicáis este golpe convenientemente, dominaréis las artes marciales y esto será una forma de alcanzar la victoria a voluntad. Estudiadlo cuidadosamente.

El estado de penetración directa

El espíritu de penetración directa es algo que se transmite cuando uno recibe la verdadera vía de la escuela de los Dos Sables. Es esencial practicar bien, así como entrenar el cuerpo en esta ciencia militar. Esto se transmite verbalmente.

Epílogo

Lo expuesto anteriormente es una explicación general de las artes de la esgrima de mi escuela, que he recogido en este manuscrito.

En la ciencia militar, la forma de aprender cómo empuñar el sable largo y obtener la victoria sobre los demás empieza con la utilización de las cinco técnicas convencionales para aprender las cinco clases de guardia, y después aprender cómo manejar un sable largo y obtener una libertad total de movimientos, agudizando el espíritu para discernir los ritmos de la vía y poder tomar por sí mismo el sable. Cuando sois capaces de mover el cuerpo y los pies según vuestra voluntad, le ganáis a una persona y después a otra, y así llegáis a discernir lo que es bueno y lo que es malo en las artes marciales.

Estudiando y practicando cada aspecto de este libro, luchando contra otros adversarios, paulatinamente comprendéis los principios de esta ciencia; manteniéndola en vuestro espíritu continuamente, sin una sensación de apresuramiento, aprendiendo sus virtudes siempre que surja la oportunidad, aceptando combatir con cualquier clase de adversario en los duelos, aprendiendo el corazón de la ciencia, aunque sea un camino de 1.600 kilómetros, dais un paso cada vez.

Pensando pausadamente, comprendiendo que es obligación de los guerreros practicar esta ciencia, decidid que hoy venceréis el yo del día anterior, y que mañana ganaréis a aquellos que tienen menos capacidad, y posteriormente venceréis a aquellos que tienen más capacidad. Practicando de acuerdo con este libro, debéis tomar la decisión de no dejar que vuestra mente se distraiga.

Por muchos adversarios que venzáis, mientras hagáis algo en contra del entrenamiento, no estaréis en la verdadera vía. Cuando este principio llega al espíritu, entendéis cómo vencer incluso a docenas de adversarios por vosotros mismos. Una vez que lo hacéis, también sois capaces de captar los principios de la ciencia militar individual o a gran escala por medio del poder del conocimiento del arte del sable.

Esto es algo que exige una total consideración, con mil días de práctica para el entrenamiento y diez mil días de práctica para refinarlo.

El Manuscrito del Fuego

火

En la ciencia militar de la escuela de los Dos Sables se piensa en el combate como en un fuego. Las cuestiones concernientes a la victoria y a la derrota en la batalla se consideran como algo que pertenece al Manuscrito del Fuego y por ello están escritas aquí.

Para empezar, las gentes piensan en los principios de la ventaja en las artes marciales con una mente estrecha. Algunos saben cómo aprovecharse de un golpecito en el pecho, utilizando las puntas de los dedos, otros saben cómo ganar sirviéndose de un abanico mediante un movimiento a tiempo del antebrazo. Utilizando igualmente un sable de bambú o algo parecido, parecen aprender la ventaja menor de la velocidad, entrenando sus manos y pies de esta forma, concentrándose en el intento de aprovecharse de un poco más de velocidad.

En lo que respecta a mi ciencia militar, he distinguido los principios de la vida y de la muerte a través de numerosos duelos en los que he puesto mi vida en peligro, aprendiendo la ciencia del sable, llegando a conocer la fuerza y la debilidad de los golpes del sable del adversario, comprendiendo las diversas utilizaciones del filo y del envés de éste y practicando cómo matar a los adversarios. En el transcurso de esta acción, nunca me ocurrieron percances tontos. Especialmente cuando uno se halla en pleno combate con armadura, uno no piensa en pequeñas cosas.

Además, luchar solo contra cinco o diez personas en duelos a vida o muerte y encontrar una forma segura de vencerlos es el meollo de mi ciencia militar. Así, ¿cuál es la diferencia entre la lógica de alguien quien vence a diez personas y la de mil personas que vencen a cien mil? A esto hay que prestarle una auténtica consideración.

Sin embargo, es imposible reunir a mil o diez mil personas para practicar cada día con el objeto de aprender esta ciencia. Aunque os estéis ejercitando solos con un sable, descubrid el conocimiento y las tácticas de todos los adversarios, conoced sus movimientos fuertes y débiles, averiguad cómo vencer a cada cual por medio del conocimiento y del carácter de la ciencia militar, y os convertiréis en maestros de esta vía.

¿Quién podría en el mundo alcanzar la penetración directa de mi ciencia militar? Entrenándose y depurando la técnica día y noche con la determinación de llegar posteriormente a su perfección, luego de perfeccionada, uno llega a una libertad excepcional, logra maravillas y llega a estar dotado de poderes inconcebibles de penetración. Es así como la ley cósmica se cumple a través de las artes marciales.

La posición física

Al dirigir la situación de la posición física, existe lo que se conoce como situarse de espaldas al sol. Esto significa que tomáis una posición con el sol detrás de vosotros. Si la situación no os permite mantener al sol a vuestra espalda, entonces debéis luchar por mantenerlo a vuestra derecha.

Esto también es válido para los combates a puerta cerrada, en los que debéis mantener la luz a vuestra espalda o a vuestra derecha. Es deseable asegurarse de que no hay nada que se interponga en vuestro camino a vuestra espalda, y de que hay mucho espacio a vuestra izquierda, tomando una posición de tal forma que el espacio más estrecho quede a vuestra derecha.

Del mismo modo por la noche, cuando podéis ver a vuestros adversarios, tomad vuestra posición con los fuegos a vuestra espalda y las luces a vuestra derecha, como se ha dicho anteriormente.

Con el objeto de «mirar desde arriba al enemigo», entended que debéis tomar vuestra posición en el terreno más elevado, incluso aunque sea sólo ligeramente más elevado. En sitios cerrados, el lugar de honor debe considerarse el lugar más elevado.

De cualquier forma, cuando se trata de la batalla, la idea es empujar a los adversarios hacia vuestra izquierda. Es esencial asegurarse de que los obstáculos quedan a espaldas de vuestros adversarios, después forzadlos hacia él de cualquier forma que podáis.

Cuando conseguís que los adversarios retrocedan hacia el obstáculo, para impedirles que vean la situación, atacad sin pausa de forma que no puedan mirar alrededor. Esto de no dejar a los adversarios observar la situación se aplica también en sitios cerrados, cuando estáis empujándolos hacia pórticos, columnas, puertas, puertas corredizas, balaustradas, pilares u otros obstáculos.

En cualquier caso, la dirección en la que acorraláis a los adversarios debe ser hacia lugares en los que el apoyo de sus pies sea malo o donde haya algún obstáculo a uno de los dos lados. Utilizad cualquier ventaja del terreno que podáis, concentrándonos en aprovecharos de la situación. Esto es algo que requiere una reflexión y una práctica cuidadosa y total.

Tres maneras de tomar la iniciativa

Existen tres formas de tomar la iniciativa. Una consiste en adelantarse atacando al adversario por propia iniciativa; a esto se le llama adelantarse a partir del estado de suspensión. Otra forma es adelantarse al adversario que os está atacando; a esto se llama adelantarse a partir del estado de espera. Pero otra se presenta cuando el adversario y vosotros atacáis simultáneamente; a esto se llama adelantarse en un estado de confrontación recíproca.

Éstas son las tres formas de tomar una iniciativa. Al principio de cualquier batalla, no existen otras posibilidades salvo estas tres iniciativas. Puesto que se trata de obtener la victoria rápidamente adelantándose, la toma de la iniciativa es una cosa fundamental en las artes marciales.

Existen muchos detalles concernientes a la toma de la iniciativa, pero no pueden escribirse totalmente porque es una cuestión de poner prioridad en el modelo de cada ocasión concreta, percibiendo la intención de los adversarios y utilizando vuestro conocimiento de las artes marciales para vencer.

- En primer lugar está la toma de iniciativa a partir del estado de suspensión. Cuando queréis atacar, os mantenéis tranquilos y en calma, y después saltáis sobre vuestro adversario atacándole repentina y rápidamente. Podéis tomar la iniciativa siendo externamente poderosos y rápidos, pero internamente manteniendo reservas. Podéis también dar el salto elevando al máximo vuestro espíritu, acelerando el paso un poco y llevando a cabo un ataque violento en el instante que os acercáis a él. Podéis también ganar dejando errar vuestra mente, con la firme intención de pasar al asalto desde el principio hasta el final, obteniendo la victoria inicial por la fuerza determinante del corazón. Todos estos son ejemplos de iniciativas a partir del estado de suspensión.

- La segunda es la toma de iniciativa a partir del estado de espera. Cuando llega el adversario a vosotros, no reaccionéis, sino mostraos débiles: entonces, cuando el adversario se acerca, saltáis con un poderoso salto, casi como si fuerais a volar; después, cuando veis que el adversario golpea, pasáis directamente a la ofensiva. Ésta es una forma de tomar la iniciativa. Igualmente, cuando el adversario ataca y vosotros contrarrestáis con fuerza el ataque, en el momento en que sentís un cambio en el ritmo del ataque del adversario, podéis obtener la victoria en ese mismo instante a partir del estado de espera.

- La tercera es la iniciativa en el estado de confrontación recíproca. En el caso en que el adversario ataca rápidamente, vosotros atacáis con calma,

> pero con fuerza; cuando el adversario se acerca, tensáis vuestro porte con absoluta resolución, y cuando el adversario da muestras de debilidad, arremetéis contra él inmediatamente con fuerza. Después, una vez más, cuando un adversario ataca con calma y tranquilamente, acelerad vuestro propio ataque ligeramente, con vuestro cuerpo ligeramente relajado; cuando el adversario se acerca, golpeadle de repente y después, según su situación, arremeted contra él poderosamente venciéndole. Ésta es la iniciativa en un estado de confrontación recíproca.

Estos movimientos son difíciles de escribir con detalle. Deben trabajarse en líneas generales tal como se ha escrito aquí. Estas tres formas de iniciativa dependen del tiempo y de la lógica de la situación. Aunque no seáis siempre los que atacáis, en igualdad de condiciones debéis tomar siempre la iniciativa y poner al adversario a la defensiva.

En cualquier caso, la idea de adelantarse consiste en obtener una victoria certera, gracias al poder del conocimiento de las artes marciales. Éste debe cultivarse y refinarse minuciosamente.

«Sujetar la almohada»

Sujetar la almohada significa no dejar que alguien levante cabeza. En las artes marciales, en el transcurso de un duelo, es malo ser manejado por los demás. Es deseable manejar a los adversarios con libertad, por cualquier medio a vuestro alcance.

Sin embargo, los adversarios estarán pensando lo mismo, y vosotros también tenéis esta intención, pero es imposible tener éxito en esto sin comprender lo que los demás están haciendo.

Las artes marciales incluyen detener los golpes de un adversario, bloquear sus ataques y deshacer sus presas. «Sujetar la almohada» significa que cuando habéis alcanzado realmente el dominio de mi ciencia y estáis luchando contra un adversario, siempre que éste dé muestras de intentar hacer un movimiento, lo percibís antes de que actúe. Detener el ataque de un adversario desde el inicio, no dejándole seguir hasta el final es lo que significa «sujetar la almohada».

A modo de ilustración, impedís que el ataque del adversario, por ejemplo, a partir de la letra *a*; impedís el salto del adversario a partir de la letra *s*, e impedís el corte del adversario a partir de la letra *c*. Todos esto ejemplos lo son de la misma idea.

Siempre que los adversarios intenten atacaros, dejadlos continuar y haced algo que sea inusual, al mismo tiempos que les impedís hacer algo que sea útil. Esto es esencial en la ciencia militar.

En este punto, si intentáis reprimir a los adversarios, ya estáis retrasados. Lo fundamental es que hagáis técnicamente cualquier cosa que hagáis, socavando en su raíz el primer impulso del adversario. Manipular a los adversarios de esta forma es dominar el arte de la guerra, lo cual se consigue con la práctica. Realizar la técnica de «sujetar la almohada» exige un atento examen.

Atravesar un brazo de mar

Cuando atravesáis el mar, existen lugares llamados estrechos. Pero también hay lugares de veinte o treinta kilómetros de ancho que atravesáis en el mar y que se llaman brazos de mar. Caminando por el mundo de los humanos, a lo largo de la vida se presentan mucha situaciones que podrían llamarse atravesar un brazo de mar.

En las rutas marítimas, sabiendo dónde están los brazos de mar, conociendo el estado de las embarcaciones y del tiempo, e incluso sin navegar en compañía de otras embarcaciones, os adaptáis al estado de tiempo, aprovechándoos a veces de los vientos, consiguiendo en ocasiones incluso vientos favorables, sabiendo que si el viento cambia puedes alcanzar el puerto a remo, os ponéis al mando del barco y atravesáis el brazo de mar.

Con esa actitud, al pasar por el mundo de los seres humanos, debéis tener el sentimiento de atravesar un brazo de mar en situación de emergencia.

En las artes marciales, en medio de la batalla, es también esencial «atravesar el brazo de mar». Sintiendo el estado de los adversarios, conscientes de vuestra propia maestría, atravesáis el brazo de mar gracias a los principios apropiados, lo mismo que un capitán avezado recorre la ruta marítima.

Habiendo atravesado el brazo de mar, además estamos con el espíritu en paz.

Para «atravesar un brazo de mar», poned al adversario en posición de debilidad y arremeted; entonces ganaréis en general muy rápidamente. Ya se trate de ciencia militar a gran escala o de las artes marciales individuales, el sentido de atravesar un brazo de mar es esencial. Debe ser saboreado profundamente.

Conocer el estado de las cosas

En la ciencia militar a gran escala, conocer el estado de las cosas significa discernir el auge y la decadencia de los adversarios, distinguiendo las intenciones de las tropas enemigas y percibiendo su condición, exhibiendo claramente el estado de las cosas, determinando cómo desplegar vuestras propias tropas y, de este modo, cómo obtener una victoria certera mediante los principios de la ciencia militar, librando la batalla con el conocimiento de lo que viene a continuación.

En las artes marciales individuales, vosotros determináis también cuáles son las tradiciones del adversario, observáis su carácter personal, averiguáis la fuerza y debilidad de la gente, maniobráis contra las expectativas de los enemigos, os dais cuenta de los momentos álgidos y bajos del mismo, os aseguráis de los ritmos que hay entre ellos y hacéis el primer movimiento; esto es esencial.

Si es grande vuestro propio poder de intuición, el estado de las cosas será visible para vosotros. Una vez que habéis alcanzado una maestría independiente y completa de las artes marciales, seréis capaces de adivinar el espíritu de vuestros adversarios y encontrar así muchas formas de ganar. Esto requiere un trabajo.

Detener un sable

Detener un sable es un movimiento que se utiliza sólo en las artes marciales. Ante todo, en la ciencia militar a gran escala, incluso con arcos y armas de fuego, cuando los adversarios os atacan con todo lo que tienen, después de haber disparado su primera andanada y mientras están renovando sus proyectiles, es difícil para vosotros lanzar vuestro ataque si estáis poniendo la flecha en el arco o cargando el arma de fuego. La idea consiste en atacar rápidamente mientras que el enemigo está intentando disparar.

El sentido de esta acción es que si atacáis rápidamente, es difícil usar las flechas contra vosotros, e igualmente difícil dispararos con un arma de fuego. La idea consiste en que siempre que los adversarios ataquen con arcos o armas de fuego, inmediatamente sentís su pauta de comportamiento y obtenéis la victoria bloqueando cualquier táctica que el atacante utilice.

Del mismo modo, en el contexto de las artes marciales individuales, si golpeáis al inicio del ataque del sable del adversario, el combate se convierte en un desorden, en un intercambio desordenado de golpes, y no llegáis a ningún lado. Cuando un adversario golpea con su sable, superad su ataque bloqueando hacia abajo con el pie su sable, para que no pueda intentar un segundo golpe.

El bloqueo no se lleva a cabo sólo con los pies, tenéis también que aprender a «bloquear» con el cuerpo, «bloquear» con la mente y, por supuesto, «bloquear» con un sable, de tal forma que impidáis al adversario llevar a cabo un segundo movimiento.

Esto significa tomar la iniciativa en cualquier cosa. No significa golpear al azar al adversario con la idea de concluir el combate de repente. Significa continuar al instante sin ceder. Esto debe ser investigado en profundidad.

Conocer la desintegración

La desintegración es algo que le sucede a todas las cosas. Cuando se desploma un caballo, una persona o un adversario, se desmoronan del ritmo del tiempo.

En la ciencia militar a gran escala, también es esencial encontrar el ritmo de los adversarios cuando se desmoronan y perseguirlos sin dejarles apertura alguna. Si perdéis la oportunidad de los momentos vulnerables, perderéis la oportunidad del contraataque.

En las artes marciales individuales también sucede que un adversario pierda el ritmo en el combate y empiece a desmoronarse. Si dejáis pasar esa oportunidad, el adversario se recuperará y frustrará vuestro intento. Es esencial reforzar firmemente el ataque en el momento de cualquier pérdida de posición por parte de un adversario, para impedirle que se recupere.

La persecución exige poder y también ser contundentes; todo consiste en golpear de una forma violenta y de tal manera que un adversario no pueda recuperarse. Esta forma de golpear se debe analizar cuidadosamente. No hacerlo produce una sensación de negligencia. Esto es algo que exige trabajo.

Convertirse en el adversario

Convertirse en el adversario significa que debéis poneros en el lugar del adversario y pensar desde su punto de vista.

Tal como veo las cosas, si un ladrón se introduce en una casa, es considerado un adversario poderoso. Sin embargo, desde mi punto de vista, todo el mundo está contra él. Se encuentra arrinconado en una situación desesperada; el que esta arrinconado es el faisán; quien entra para combatirle es el halcón. Esto requiere una atenta reflexión.

Igualmente, en la ciencia militar a gran escala, se considera que los adversarios son poderosos y que hay que tener cuidado con ellos. Cuando tenéis buenas tropas, conocéis bien los principios de las artes marciales y sentís la forma de vencer al enemigo, no tenéis que preocuparos.

En las artes marciales debéis también poneros en la posición del adversario. Cuando alguien encuentra a un maestro de esta ciencia, a alguien que comprende las artes marciales y es experto en ellas, se considerará perdido[**10**]. Reflexionad bien sobre esto.

Abandonar las cuatro manos

Abandonar las cuatro manos se presenta cuando vosotros y el adversario os halláis empatados y no se hace ningún progreso en la lucha. Significa que cuando pensáis que vais a llegar a un empate, detenéis esta posibilidad inmediatamente y alcanzáis la victoria aprovechándoos de un enfoque diferente.

También en la ciencia militar a gran escala, si hay un empate total y no se hace ningún progreso, se producirá una pérdida de personas. Es fundamental detener esto inmediatamente y alcanzar la victoria tomando ventaja de una táctica insospechada por el enemigo.

También en las artes marciales individuales, si pensáis que estáis llegando a un empate, es fundamental cambiar inmediatamente vuestro enfoque, averiguar el estado del adversario y determinar cómo vencer por medio de una táctica muy diferente.

Mover las sombras

Mover las sombras es algo que hacéis cuando no podéis discernir lo que está pensando el adversario.

En la ciencia militar a gran escala, cuando no podéis discernir el estado del enemigo, fingís lanzar un ataque poderoso para ver cómo reacciona. Habiendo visto los métodos del enemigo, es fácil alcanzar la victoria aprovechándose de diferentes tácticas adaptadas especialmente a cada caso.

También en las artes marciales individuales, cuando un adversario está blandiendo su sable detrás de él o a un costado, y está a punto de golpear repentinamente, éste muestra su intención en su sable. Una vez que ha mostrado perceptiblemente sus intenciones, inmediatamente sentís la ventaja y sabéis cómo ganar con certeza. Si no estáis atentos, perderéis el ritmo. Esto debe ser examinado en profundidad.

Detener las sombras

Detener las sombras es algo que hacéis cuando son perceptibles las intenciones agresivas de los enemigos hacia vosotros.

En la ciencia militar a gran escala, esto significa detener la acción del enemigo en el mismo momento de su impulso para actuar. Si demostráis poderosamente a los adversarios cómo controláis la ventaja, cambiarán de intención, inhibidos por esa fuerza. Vosotros también cambiáis de actitud hacia una mente vacía; a partir de ella tomáis la iniciativa y alcanzáis la victoria.

Igualmente en las artes marciales individuales, utilizáis un ritmo de ventaja para detener la firme determinación de la motivación del adversario; después encontráis la ventaja para ganar en el momento de la pausa y tomáis la iniciativa. Esto debe tratarse en profundidad.

Contagio

Existe el contagio[11] en todo. Incluso el sueño puede ser contagiado, lo mismo que el bostezo. Existe el contagio incluso de una época[12].

En la ciencia militar a gran escala, cuando los adversarios están excitados y con toda evidencia tienen prisa por actuar, os comportáis como si estuvierais somnolientos, dando la apariencia de estar completamente relajados y tranquilos. Haced esto, y los mismos adversarios se verán influidos por este estado de ánimo y perderán su entusiasmo.

Cuando creáis que los adversarios se han visto contagiados por este estado de ánimo, vaciáis vuestra propia mente y actuáis rápidamente y firmemente, obteniendo así la ventaja de la victoria.

Igualmente en las artes marciales individuales, es esencial estar relajado en cuerpo y espíritu, darse cuenta del momento en que el adversario se relaja y tomar inmediatamente la iniciativa para ganar.

También existe algo llamado «embriagar» que es similar al contagio. Un estado de ánimo embriagante es el aburrimiento. Otro es la inquietud. Otro es la pusilanimidad. Esto debe ser trabajado en profundidad.

La perturbación

La perturbación sucede en cualquier clase de cosas. Una de las formas en que sucede es a través del sentimiento de estar bajo una aguda presión. Otra es a través del sentimiento de una fuerza irracional. Una tercera forma es a través del sentimiento de sorpresa ante lo inesperado.

En la ciencia militar a gran escala, es fundamental producir perturbación. Es esencial atacar resueltamente, mientras sus mentes están perturbadas, aprovechad esto para tomar la iniciativa y ganar.

También en las artes marciales individuales, al principio os mostráis relajados, después arremetéis repentinamente y con fuerza; cuando el espíritu del adversario se desequilibra, es esencial que observéis lo que hace, no permitiéndole que se relaje ni un solo momento, percibiendo la ventaja del instante y discerniendo inmediatamente en ese instante cómo vencer. Esto debe ser investigado diligentemente.

La amenaza

Existe el temor en todo. Eso significa ser amilanado por lo inesperado.

Incluso en la ciencia militar a amplia escala, amenazar a un adversario no es algo que se hace a la vista. Podéis amenazarle por el sonido, podéis amenazarle haciendo que lo pequeño parezca grande, y podéis amenazarle realizando un movimiento inesperado de costado. Éstas son las situaciones en las que se produce el temor. Si podéis captar el momento del miedo, podéis aprovecharos de él para obtener la victoria.

También en las artes marciales individuales podéis amenazar por medio de vuestro cuerpo, podéis amenazar por medio de vuestro sable, y podéis amenazar por medio de vuestra voz. Lo que es esencial es hacer repentinamente un movimiento totalmente inesperado para el adversario, aprovecharos de la ventaja del temor causado y alcanzar la victoria en ese mismo instante y lugar. Esto debe ser trabajado en profundidad.

Engancharse con fuerza

Engancharse con fuerza significa que cuando estéis luchando a una distancia corta, vosotros y vuestro adversario ejercéis recíprocamente una gran fuerza una contra el otro, y si veis que el combate no está yendo bien, entonces os enganchéis con fuerza a vuestro adversario; el punto esencial es aprovecharse de la oportunidad de ganar aunque estéis luchando codo con codo.

Ya se trate de la ciencia militar a pequeña o gran escala, cuando vosotros y los adversarios habéis tomado los costados, estáis frente a frente y no está claro quién vencerá, inmediatamente os enganchéis con fuerza a los adversarios, de modo que no podáis ser separados, y en ese proceso encontráis la ventaja, determináis cómo vencer y alcanzáis la victoria fulminantemente; esto es algo que pertenece a la quintaesencia de la técnica. Esto debe ser estudiado diligentemente.

Atacar los costados

Atacar los costados significa que cuando ejercéis fuerza contra algo que es fuerte, difícilmente cede de inmediato y por las buenas.

En la ciencia militar a gran escala, observad las tropas enemigas, cuando hayan avanzado, atacad el costado de su frente más fuerte y obtendréis la ventaja.

Una vez que se colapsa ese costado, todo el mundo se ve envuelto en un sentimiento de colapso. Incluso en el momento en que se están colapsando, es esencial darse cuenta de cuándo está listo para avanzar cada costado e intuir cuándo vencerlo.

También en las artes marciales individuales, cuando infligís dolor en una parte de su cuerpo cada vez que el adversario hace un movimiento agresivo, su cuerpo se debilitará paulatinamente hasta que está listo para desmoronarse y es fácil vencerlo.

Es esencial estudiar esto cuidadosamente para descubrir por qué parte podéis ganar.

Aturdir

Aturdir a los adversarios significa actuar de tal forma que le impidáis mantener una mente tranquila.

En la ciencia militar a gran escala esto significa que adivináis el estado de mente de vuestros enemigos y utilizáis el poder de vuestro conocimiento del arte de la guerra para manipular su atención, haciéndoles tener pensamientos confusos sobre lo que vais a hacer. Esto significa encontrar un ritmo que confunda a los enemigos, discerniendo con exactitud dónde podéis ganar.

Igualmente, en las artes marciales individuales podéis intentar diversas maniobras según la oportunidad del momento, haciendo pensar al adversario que vais a hacer en un momento una cosa, después otra, y a continuación otra cosa diferente, hasta que veis que el adversario empieza a estar aturdido y de esta forma vencéis cuando queréis. Ésta es la esencia de la batalla; esto debe estudiarse cuidadosamente.

Los tres gritos

Los tres gritos se llaman el grito inicial, el grito medio y el grito final. El punto esencial es lanzarlos de acuerdo con la situación. Como un grito es poderoso, gritamos en casos de emergencia, incendios y tempestades; la voz muestra fuerza y poder.

En la ciencia militar a gran escala, al principios de la batalla el grito debe ser lo más fuerte posible, en medio de la batalla el grito debe ser de un tono grave y surgir de las profundidades, mientras que después de la victoria el grito debe ser alto y fuerte. Éstas son las tres clases de grito.

En las artes marciales individuales se finge y se grita para hacer mover al adversario, y después golpear tras el grito. También se grita después de haber abatido a un adversario, con un grito que señala la victoria. Éstos se llaman los gritos anterior y posterior.

Nunca se grita en el mismo momento en que se blande el sable. Cuando gritáis en medio de la batalla, utilizáis el sonido para aumentar el ritmo, gritando en un tono grave.

Mezclarse

En el contexto de un combate a gran escala, mezclarse significa que cuando dos grupos están frente a frente y vuestros adversarios son fuertes, atacáis uno de los flancos del adversario, como para mezclaros con ellos; después, cuando veis que los adversarios se derrumban, abandonáis el flanco y atacáis de nuevo en su punto fuerte. En general, la idea consiste en atacar como un viento en zigzag.

Esto es también fundamental en el contexto de las artes marciales individuales, cuando os enfrentáis solos a un grupo de adversarios. Cada vez que habéis acabado con uno o le habéis hecho huir, atacáis a uno que sea fuerte, encontrando el ritmo del adversario, haciendo un zigzag de izquierda a derecha a un ritmo adecuado y observando la situación del adversario, para que el ataque sea eficaz.

Cuando habéis encontrado las filas enemigas y vais a arrojaros sobre ellas, el principio de la ventaja consiste en alcanzar la victoria con fuerza, sin ninguna reserva. Este estado de espíritu también se aplica a la situación en la que os estáis acercando a un poderoso adversario en un combate individual.

El sentido de mezclarse consiste en sumergirse directamente en medio del adversario sin vacilar en vuestros pasos. Esto debe ser distinguido con atención.

Aplastar

Aplastar exige un estado interno de querer aplastar, como cuando se imagina uno que el adversario es débil y así uno se hace fuerte, para conseguir vencerlo.

En la ciencia militar a gran escala, esto significa mirar por encima del enemigo cuyo número es pequeño, o incluso si son muchos, cuando los adversarios están desmoralizados y debilitados, concentrad vuestra fuerza en aplastarlos y así los neutralizaréis.

Si vuestro aplastamiento es débil, puede volverse contra nosotros. Tenéis que distinguir atentamente el estado de espíritu en el que disponéis claramente del control cuando aplastáis.

Igualmente, en el contexto de las artes marciales individuales, cuando vuestro adversario no tiene la misma capacidad que vosotros, o cuando su ritmo decrece, o cuando empieza a retroceder, es esencial no dejarle recuperar su aliento. Neutralizadlo sin tan siquiera darle el tiempo de parpadear. Lo más importante es no permitirle que se recupere.

Esto debe ser estudiado muy cuidadosamente.

El cambio de la montaña y el mar

«La montaña y el mar» significa que es mala táctica hacer una y otra vez lo mismo. Tal vez tengáis que repetir algo alguna vez, pero no debe repetirse una tercera vez.

Cuando intentáis alguna táctica sobre un adversario, si no funciona la primera vez, no obtendréis ningún beneficio precipitándoos a hacerla de nuevo. Cambiad vuestras tácticas de manera abrupta, haciendo algo completamente diferente. Si todavía esto no funciona, intentad alguna otra cosa.

Así pues, la ciencia de las artes marciales implica la presencia del espíritu para actuar como el mar, cuando el enemigo es como una montaña, y actuar como una montaña, cuando el enemigo es como el mar. Esto exige una atenta reflexión.

La desmoralización

Cuando luchéis con un adversario y estéis ganando gracias a vuestra habilidad en esta ciencia, vuestro adversario puede todavía hacerse ilusiones y, aunque parece que está vencido, por dentro todavía se niega a reconocer la victoria. Desmoralizadlo en estos casos.

Esto significa cambiar vuestra actitud repentinamente para impedir que el enemigo siga manteniendo dichas ilusiones; así lo principal es ver que los adversarios se sienten derrotados en el fondo de su corazón.

Podéis desmoralizar a la gente con armas o con vuestro cuerpo o con vuestro espíritu. No debe ser entendido esto sólo de una forma.

Cuando vuestros enemigos se han desmoralizado totalmente, ya no les prestéis atención. Por lo demás, permaneced atentos. Mientras que los enemigos tengan ambiciones, difícilmente se desmoronarán.

Tanto en las artes marciales a gran escala o a pequeña escala, la técnica de la desmoralización debe practicarse en profundidad.

Renovarse

Cuando estáis combatiendo contra los enemigos, si tenéis la sensación de estar estancados y de no hacer ningún progreso, abandonad vuestro estado de ánimo y pensad en vuestro corazón que estáis empezando algo nuevo. Cuando conseguís el ritmo, ya sabéis cómo ganar. Esto es «renovarse».

En cualquier ocasión en que sintáis cómo aumenta la tensión y la fricción entre vosotros y los demás, si cambiáis vuestro estado de espíritu en ese mismo momento, podéis ganar por la ventaja de una diferencia radical. Esto es «renovarse».

En la ciencia militar a gran escala es esencial entender la táctica de renovarse. Es algo que aparece de repente a lo largo del poder del conocimiento de las artes marciales. Reflexionad bien sobre esto.

Pequeño y grande

Cuando estáis luchando contra enemigos y tenéis la sensación de estar estancados en pequeñas maniobras, recordad esta ley de la ciencia militar: cuando os halláis en medio de cosas insignificantes, cambiad de repente a una gran perspectiva.

Cambiar a lo grande o a lo pequeño es una parte deliberada de la ciencia del arte de la guerra. Es esencial para los guerreros conseguir esto incluso en la conciencia ordinaria de la vida humana. Esta mentalidad es fundamental para la ciencia militar, ya sea a gran o a pequeña escala.

Ésta es una preocupación a la que hay que prestarle una atenta consideración.

El general conoce a sus soldados

«Un general conoce a sus soldados» es un método practicado siempre en tiempos de conflicto después de haber alcanzado la maestría a la que uno aspira. Habiendo alcanzado un gran poder en el conocimiento de las artes de la guerra, pensad en los adversarios como si fuesen vuestros propios soldados, comprendiendo que debéis de obrar con ellos según vuestra propia voluntad, e intentad manipularlos libremente. Vosotros sois el general, y los adversarios las tropas. Esto exige trabajo.

Soltar la empuñadura

«Soltar la empuñadura» tiene varios significados. Tiene el significado de ganar sin sable, y también tiene el significado de fallar sin sable. Los diversos significados no pueden escribirse, pero invitan a una práctica y a un entrenamiento profundos.

Ser como un muro de piedra

«Ser como un muro de piedra» es cuando un maestro de las artes marciales se hace de repente como un muro, absolutamente inaccesible a cualquier cosa e inamovible. Esto se transmite verbalmente.

Epílogo

Lo que está escrito anteriormente consiste totalmente en cosas que constantemente vienen al espíritu a lo largo de la práctica del arte de la esgrima de mi escuela. Como estoy escribiendo ahora estos principios por primera vez, están un poco mezclados en el orden, y es difícil definirlos con detalle. Sin embargo, pueden servir como líneas orientativas para las personas que quieran aprender esta ciencia.

Me he concentrado en las artes marciales desde la juventud, entrenando mis manos y mi cuerpo para la maestría de la esgrima, y experimentando toda clase de estados de espíritu. Lo que veo al investigar otras escuelas es que algunas son habladoras pretenciosas y otras llevan a cabo finas maniobras con sus manos; pero aunque puedan parecer buenas para la gente, en ellas no hay en absoluto un verdadero corazón.

Por supuesto, podría parecer que la gente está entrenando el cuerpo y la mente incluso cuando están practicando dichas técnicas, pero se convierten en enfermos de la vía, de una manera crónica y difícil de sanar; son el origen de la decadencia de la vía reta de las artes marciales en el mundo y de su abandono.

Para que el arte de la esgrima sea una ciencia real, así como para obtener la victoria en la batalla contra los enemigos, no deben alterarse de manera alguna estos principios. Cuando alcancéis el poder del conocimiento de mi ciencia militar y la pongáis en práctica de una forma correcta, no habrá duda alguna de la victoria.

Miyamoto Musashi

El Manuscrito del Viento

風

La ciencia militar implica el conocimiento de los métodos de las demás escuelas. Aquí, en este Manuscrito del Viento, he escrito sobre las demás escuelas de artes marciales. A menos que conozcáis las prácticas de las demás escuelas, no podréis ciertamente entender la práctica de mi propia escuela.

Lo que veo cuando investigo en las demás artes marciales es que algunas escuelas utilizan grandes sables y se concentran en el poder de sus movimientos. Algunas practican su ciencia utilizando un sable pequeño y largo al que llaman un «pequeño sable largo». También existen escuelas que se preocupan de muchos movimientos con el sable largo, llamando a las posiciones del sable técnicas convencionales y transmitiendo la ciencia como una enseñanza interna.

En este manuscrito expondré el hecho de que ninguna de estas prácticas son la vía auténtica, haciendo así saber lo que es bueno y lo que es malo, lo que es verdadero y lo que es falso. El principio de mi propia escuela es algo netamente diferente. Otras escuelas se convierten en teatros, adornándose y exhibiéndose para vivir, y comercializan las artes marciales; en consecuencia, parecería que no están en la verdadera vía. Además, el arte marcial se considera convencionalmente de una forma limitada, como si consistiera sólo en la esgrima. ¿Creéis que habéis alcanzado el conocimiento de cómo alcanzar la victoria por el simple hecho de haber aprendido a empuñar un sable largo y haber entrenado vuestro cuerpo y manos? Ésta no es una vía segura en ningún caso.

He expuesto cada una de las deficiencias de las demás escuelas en este libro. El asunto es examinar cuidadosamente y saborear en profundidad, para llegar a una comprensión de las ventajas de mi escuela de los Dos Sables.

El manejo de los sables muy largos en las demás escuelas

Existen algunas escuelas que son aficionadas a los sables muy largos. Desde el punto de vista de mi arte marcial, las encuentro escuelas débiles. La razón para esto es que esas escuelas no saben cómo ganar a los demás por cualquier medio que sea necesario; considerando que su virtud es la longitud del sable, quieren que sus sables sean muy largos para poder vencer a los adversarios a distancia.

El dicho común sobre ganar aunque sea un centímetro es algo que concierne a personas que desconocen totalmente las artes marciales. Por ello, intentar ganar a distancia mediante la ventaja de la longitud del sable, sin conocer los principios de las artes marciales, es algo que la gente hace por debilidad de corazón. Es por esto por lo que considero este arte marcial como algo débil.

A veces, cuando estéis luchando con un adversario y tengáis poco espacio, cuanto más largo sea vuestro sable, más difícil será golpear con él. No podéis blandir el sable hacia atrás y adelante con suficiente soltura, y éste se convierte en un estorbo. Entonces os halláis en una situación peor que alguien que está manejando un sable de costado pequeño.

Aquellos que prefieren los sables muy largos poseen sus propias razones, pero únicamente es lógico para ellos solos; desde el punto de vista de la auténtica vía del mundo, esto es ilógico. ¿Es inevitable perder utilizando un sable más corto y no un sable muy largo?

Suponed que la situación física arriba, abajo y a los costados se halla bloqueada; o imaginad una situación social en la que sólo se pueden llevar armas de costado; querer tener en estas circunstancias un sable muy largo es una mala actitud, porque es dudar de la ciencia de las artes marciales.

Por añadidura, existen personas que carecen de la fuerza física requerida.

Desde la Antigüedad se ha dicho que lo grande incluye lo pequeño, por tanto no es una cuestión de rechazar indiscriminadamente la longitud; es una cuestión de rechazar la actitud desviada que sólo tiene en cuenta la longitud.

En el contexto de la ciencia militar a gran escala, un sable muy largo es como un gran contingente de tropas, un sable más corto es como un pequeño contingente. ¿Acaso es imposible una batalla entre un pequeño contingente y un gran contingente de tropas? Existen muchos ejemplos en los que un pequeño contingente ha ganado sobre uno mayor. Así pues, en mi escuela existe un rechazo hacia una actitud estrecha y desviada. Esto invita a un cuidadoso examen.

Los golpes poderosos de sable en las demás escuelas

No debería existir una distinción entre golpes fuertes y golpes débiles de sable. El movimiento de un sable hecho con la intención de blandirlo con fuerza es rudo, y es difícil ganar sólo con la rudeza.

Además, si golpeáis con una fuerza desmedida cuando vais a matar a alguien, intentando asestar un poderoso golpe con el sable, no tendréis éxito.

Incluso cuando estáis ejercitándoos contra un muñeco u otra cosa, es erróneo intentar golpear muy fuerte de forma deliberada.

Cuando os enfrentáis a un enemigo en combate mortal, nadie piensa en golpear con debilidad ni con fuerza. Cuando uno piensa solamente en matar al otro, también interviene un sentimiento de fuerza y, por supuesto, ningún sentido de debilidad; uno sólo piensa en la muerte del enemigo.

Si golpeáis el sable de otro con fuerza, utilizando un movimiento demasiado poderoso, tendrá consecuencias negativas por exceso de fuerza. Si golpeáis el sable de otro de forma forzada, será vuestro propio sable el que se retrasará.

Así pues, no existe nada parecido a un golpe de sable especialmente poderoso. Incluso en la ciencia militar a gran escala, si tenéis un gran contingente que desea ganar una poderosa batalla combatiendo, el hecho es que vuestro enemigo también dispone de gente fuerte y quiere luchar con fuerza. A este respecto, ambos estáis en la misma posición. Cuando se trata de obtener la victoria en cualquier cosa, es imposible obtenerla sin razón.

En mi escuela no prestamos ninguna atención a cosas no razonables; el meollo del asunto es utilizar el poder del conocimiento de las artes marciales para obtener la victoria de cualquier forma que podáis. Esto debe ser trabajado en profundidad.

La utilización de los sables más cortos en las demás escuelas

Pensar en ganar sirviéndose sólo de un sable más corto no es la auténtica vía. Desde la Antigüedad los sables largos y cortos han tenido distinto nombre.

Las personas fuertes pueden manejar con facilidad un sable largo, así que no hay razón para aficionarse sin razón a un sable más corto. La explicación de esto es que las lanzas y las alabardas también se utilizan para aprovecharse de su longitud. La idea de que vais a utilizar un sable más corto para hendir, arremeter y vencer a un adversario en el intervalo entre los movimientos de su sable es una desviación y, por tanto, está equivocada.

Además, cuando estáis atentos para descubrir algún lapso, todo lo demás se descuida, y se produce una sensación de estancamiento que debe ser evitada. Y si intentáis utilizar un arma corta para penetrar en las defensas del enemigo y dominarlo, eso no será de ninguna utilidad en medio de numerosos adversarios.

Incluso si pensáis que la ventaja de tener un arma más corta es la capacidad de penetrar en medio de una multitud, arremeter con libertad y blandir la espada a un lado y a otro, en cada caso estáis en una actitud defensiva de la esgrima y, de este modo, en un estado de espíritu distraído. No es ésta una táctica en la que se pueda confiar.

Tal vez podáis arremeter contra los adversarios de una forma poderosa y directa, arrojándolos fuera de su posición, obligándolos a entrar en la confusión, y tomando el camino que conduce únicamente a una victoria certera.

Esta lógica también se aplica en la ciencia militar a gran escala. En igualdad de condiciones, podéis también tomar un gran contingente, atacar al enemigo de repente y destruirlo de una vez. Esta actitud es la esencia de la ciencia militar.

En general, lo que la gente del mundo estudia cuando practica las artes marciales es parar, desviar, evitar los golpes y salir ileso; en consecuencia, sus mentes son arrasadas por este método y acaban siendo maniobrados y manipulados por los demás.

Puesto que la vía de las artes marciales es directa y franca, es esencial el intento de dominar y vencer a los adversarios. Esto debe ser considerado atentamente.

Numerosos golpes de sable en las demás escuelas

Cuando se enseña un excesivo número de movimientos de sable, se hace para comercializar este arte e impresionar a los principiantes con el conocimiento de muchos movimientos de sable. Esta actitud debe ser evitada en la ciencia militar.

La razón de ello es que es un engaño pensar que existen toda clase de técnicas para hendir al adversario. A este respecto, no existen diferentes técnicas en el mundo. Sea o no uno un especialista, e incluso si se trata de una mujer o un niño, no existen muchas formas de golpear y cercenar; si existen variantes, éstas se limitan a apuñalar y a acuchillar.

Para empezar, puesto que el objetivo consiste en matar, no hay ninguna razón para que existan muchas formas de hacerlo. Incluso así, dependiendo de la situación, conforme a las circunstancias, en los casos en los que hay un obstáculo en los alrededores, como por ejemplo arriba o a los costados, tiene que haber cinco posiciones, de forma que existe una manera de empuñar el sable sin quedar bloqueado.

Añadir cualquier otra cosa, como hendir por la mitad a un adversario con un giro de manos, un giro del cuerpo o un salto a distancia no son la verdadera vía. No se puede hendir a alguien por la mitad mediante un giro o una flexión; éstas son técnicas inútiles.

En mi ciencia militar es esencial que el aspecto físico y el estado de espíritu sean simples y directos, obteniendo la victoria por medio de la tensión y la perturbación causadas a los adversarios, haciendo que se descentren y procurando que sus corazones se agiten. Esto debe examinarse cuidadosamente.

Las posiciones del sable en las demás escuelas

Es erróneo concentrarse únicamente en la posición de guardia del sable. La posición de guardia del sable sólo debe darse cuando no hay adversarios.

La razón para ello es que establecer normas a causa de la costumbre o de las reglas generales no es factible en el transcurso de un combate real para conseguir la victoria. El objetivo es luchar para poner al adversario en una situación de desventaja.

Cualquiera que sea el punto de referencia, la adopción de una posición de guardia tiene el sentido de hacer uso de la inamovilidad. Guardar un castillo o disponer una línea de batalla en una posición defensiva tiene el sentido de ser fuerte y no verse afectado ni siquiera cuando se es atacado; éste es el significado normal.

En el transcurso de la lucha por la victoria por medio de la ciencia militar, el objetivo es concentrarse en llevar la iniciativa del adversario. Esto debe ser trabajado en profundidad.

En el transcurso de la lucha por la victoria gracias a la ciencia militar, vencéis deshaciendo las defensas de los demás, haciendo movimientos que los adversarios no esperan, confundiéndolos, irritándolos o asustándolos, y sintiendo el patrón del ritmo cuando los adversarios quedan confundidos para alcanzar la victoria. Así pues, existe un rechazo a la actitud defensiva que se preocupa de las posiciones de guardia. Por ello, en mi ciencia existe lo que se llama tener una posición de guardia sin guardia, que significa que uno tiene una posición defensiva sin estar a la defensiva.

También en la ciencia militar a gran escala, la preocupación principal para una batalla equilibrada es aprender a calcular el número de tropas que tiene el adversario, darse cuenta de la disposición del campo de batalla, conocer el estado de vuestras propias tropas, ordenar sus mejores cualidades, unirlas y después empezar a luchar.

Existe una sensación totalmente diferente cuando se es atacado por los demás en primer lugar que cuando vosotros atacáis. La sensación de poder manejar suficientemente bien un sable para alcanzar y parar los golpes del adversario es semejante a tomar la lanza o la alabarda y clavarlas en el suelo a modo de empalizada. Cuando vais a golpear a un adversario, por el contrario, podéis incluso arrancar uno de los postes de la empalizada y utilizarlo como lanza o alabarda. Esto es algo que debe ser examinado atentamente.

El enfoque de los ojos en las demás escuelas

El enfoque de los ojos depende de la escuela: hay quienes fijan sus ojos en el sable del adversario, y hay también quienes los fijan en sus manos; existen también quienes fijan sus ojos en el rostro del adversario, y los hay también quienes los fijan en sus pies, etc. cuando intentáis fijar los ojos en algún punto en particular, existe una sensación de distracción, y esto se convierte en lo que se conoce en las artes marciales como una desgracia.

Las personas que juegan a la pelota tal vez no mantengan sus ojos en ella, porque cuando uno tiene una buena práctica de algo, no es necesario mirar deliberadamente. Igualmente, en las artes de los malabaristas, cuando tienen práctica en las técnicas, pueden hacer equilibrio con una puerta en la nariz y hacer malabarismos con varios sables a la vez, todo ello sin mirar; como están involucrados en la práctica todo el tiempo, ven lo que ocurre de manera espontánea.

De igual modo, en el contexto de la ciencia de las artes marciales, cuando os familiarizáis con cada adversario, percibís el grado de seriedad de su mente y sois capaces de practicar la ciencia con eficacia, podéis ver incluso la distancia y velocidad de un sable. Hablando en términos generales, el foco de los ojos en las artes marciales se halla en el corazón y en la mente de las personas implicadas.

Cuando se llega a la ciencia militar a gran escala, los ojos también se concentran en el estado de las tropas enemigas.

De las dos formas de percepción, observar y ver, el ojo que observa es más fuerte, percibiendo el corazón y la mente del adversario, viendo el estado de la situación, centrando los ojos de una forma amplia, percibiendo las condiciones de la batalla y la fuerza y debilidad de la ocasión, y concentrándose en alcanzar la victoria con precisión.

Ya se trate de la ciencia militar a gran o a pequeña escala, no hay foco de atención estrecho en la visión. Como ya he escrito, mediante un foco de atención excesivamente estrecho, olvidáis los asuntos mayores y quedáis confundidos, dejando así que la victoria certera se os escape. Este principio exige una reflexión cuidadosa y una práctica profunda.

La posición y movimiento de los pies en otras escuelas

Existen diversas formas de dar pasos rápidos, como los que se conocen por paso flotante, paso saltarín, paso elástico, paso fuerte, paso de cuervo, etc. desde un punto de vista de mi arte marcial, todos éstos parecen pasos deficientes.

La razón por la que no me gusta el paso flotante es porque los propios pasos probablemente sean en cualquier caso inseguros en medio de la batalla, de forma que el procedimiento adecuado es mantenerse lo más firme posible.

La razón por la que no me gusta el paso saltarín es porque existe una sensación de excitación en el salto y un sentimiento de obsesión en saltar. Puesto que no hay razón para saltar una y otra vez, un paso saltarín es malo.

Igualmente, el paso elástico es ineficaz, porque existe una sensación de rebote. El paso fuerte es una posición pasiva y especialmente objetable.

Además de éstos, existen diversos pasos rápidos como el paso del cuervo.

Puesto que es posible que os enfrentéis a adversarios en pantanos y ciénagas, o en montañas y ríos, o en planicies rocosas, o en caminos estrechos, dependiendo del lugar existen situaciones en las que es imposible saltar, dar pasos elásticos o rápidos.

En mi arte marcial, no existe ningún cambio en la forma de mover los pies; es lo mismo que andar por un camino de forma habitual. Siguiendo el ritmo del adversario, encontrando la posición física correcta en situaciones tanto de aceleración como de calma, la marcha debe ser ordenada, sin defecto ni exceso. Igualmente, en la ciencia militar a gran escala, es fundamental el movimiento de los pies. La razón para ello es que si atacáis de forma indiscriminada, sin conocer las intenciones de vuestro adversario, perderéis el ritmo y os encontraréis con que es difícil ganar. Del mismo modo, si estáis marchando con tranquilidad y no notáis cuándo están desmoralizándose o desmoronándose los adversarios, haréis que la victoria se desvanezca y no podréis dar una rápida salida al combate.

Es esencial percibir el desánimo y el desmoronamiento de los adversarios, y superarlos sin dejarlos siquiera un momento de respiro. Esto exige una práctica y un entrenamiento profundos.

La utilización de la velocidad en otras escuelas

En las artes marciales, la velocidad no es la verdadera vía. En lo que se refiere a la velocidad, la cuestión de rapidez o lentitud en cualquier cosa proviene del fracaso de armonizar con el ritmo.

Cuando domináis un arte o una ciencia, vuestra acción no parece rápida. Por ejemplo, existen corredores profesionales carteros que recorren una ruta de unos treinta kilómetros; pero ni siquiera así corren rápidos desde la mañana hasta la noche. En cuanto a aquellos que carecen de entrenamiento, aunque parezca que corren todo el día, no alcanzan el objetivo.

En el arte de la danza, si un mal cantante acompaña la canción de un cantante cualificado, existe una sensación de desacompasamiento, que desemboca en precipitación. Igualmente, cuando se trata con los tambores la canción «Pino Viejo», a pesar de ser una pieza dulce, también en este caso, alguien que es inexperto tenderá a adelantarse o a atrasarse. Y aunque la canción «Dunas Elevadas» tiene un *tempo* rápido, es erróneo interpretarla demasiado rápido.

Como dice el proverbio, el rápido se cansa y no puede llegar a tiempo. Por supuesto, ser demasiado lento y llegar demasiado tarde también es malo.

La actuación de un experto parece relajada, pero no pierde el ritmo. Las acciones de las personas entrenadas no parecen apresuradas. El principio de la vía puede ser conocido a través de estos ejemplos.

La rapidez es especialmente mala en el contexto de la ciencia de las artes marciales. Las razones para ello son las siguientes. En este caso también, dependiendo del lugar, digamos, por ejemplo, en una charca es imposible moverse y correr rápidamente. Con un sable largo, no existe algo así como matar con rapidez; por el contrario, con un abanico o un sable corto, si intentáis cortar con rapidez, no podréis cortar en absoluto. Esto invita a un cuidadoso discernimiento.

Igualmente en la ciencia militar a gran escala, es malo el sentimiento de velocidad y prisa. Con la actitud de «sujetar la almohada» no hay lentitud.

Por añadidura, cuando la gente se apresura corriendo, es esencial hacer lo contrario, quedarse tranquilo y en calma, sin dejarse arrastrar por ella. La forma de trabajar en ese estado de espíritu exige entrenamiento y práctica.

Los esotérico y lo exotérico en las demás escuelas

En el contexto de los asuntos de las artes marciales, ¿qué debe llamarse exotérico y qué debe llamarse esotérico? Según el arte, existen transmisiones esotéricas de la realización esencial que se transmiten como tradiciones orales internas, pero cuando se trata del principio de combatir en duelo con adversarios, no es un asunto de luchar de manera exotérica y matar de manera esotérica.

Mi forma de enseñar las artes marciales es hacer que los principiantes aprendan y practiquen aquellas técnicas que son fácilmente dominadas, enseñándoles primero los principios que pueden entender rápidamente. En cuanto a aquellos asuntos que sus mentes tienen dificultad en comprender, observo la comprensión de cada individuo, enseñándole a continuación los principios más profundos de manera gradual, paso por paso. Incluso así, puesto que generalmente les hago aprender aquellas cosas que tienen relevancia real para manejar estos asuntos, no existe algo así como una distinción entre lo esotérico y lo exotérico.

Así sucede en el mundo: cuando vais en medio de las montañas, si queréis ir más lejos, tendréis de nuevo que salir de las montañas. En cualquier arte o ciencia existe aquello para lo que el secreto y la reserva es apropiado, y aquello de lo que se puede hablar abiertamente. Pero cuando se trata de los principios de la guerra, ¿qué es lo que tiene que ser ocultado y qué es lo que tiene que ser revelado?

Por consiguiente, al transmitir mi ciencia, no me preocupo de las obligaciones escritas o de los artículos de castigos. Observar el poder intelectual de los estudiantes, enseñarles un camino directo, haciéndoles abandonar los malos aspectos de las «cinco formas» o de las «seis formas» de las artes marciales[13], de modo que entren naturalmente en la ciencia auténtica de los guerreros, haciendo que sus mentes se liberen de la duda, ésta es la vía en la que enseño las artes marciales. Una práctica y entrenamiento profundos son necesarios.

Epílogo

En las nueve secciones precedentes sobre las artes marciales de las demás escuelas, de las que he escrito sus principios generales en este Manuscrito del Viento, aunque es imprescindible escribir claramente sobre cada escuela, desde la iniciación hasta la tradición interna, no doy importancia a escribir los nombres de qué secreto concreto de qué escuela particular me estoy refiriendo.

La razón de ello es que los puntos de vista de cada escuela y la lógica de cada método se realizan de forma diferente según cada persona y dependiendo de la mentalidad; así, incluso en la misma escuela existen ligeras diferencias de comprensión. Por tanto, pensando en la posteridad, no he mencionado las escuelas concretas a las que me refiero.

Habiendo dividido las grandes líneas de las demás escuelas en nueve categorías, cuando miramos desde el punto de vista de la vía correcta para el mundo, desde el punto de vista de la razón humana honesta, los asuntos como las preferencias por los sables muy largos o muy cortos, las preferencias por la fuerza o por la forma de empuñar, o la preocupación por la fiereza y la finura, son guías desviadas; así pues, aunque no revelemos como tradición interna o de iniciación de otras escuelas, todo el mundo debe saber sobre ellas.

En mi escuela no existe una distinción entre la tradición de iniciación y la interna en lo que concierne al sable largo. No existe algo así como la posición de guardia definitiva. Se trata sólo de comprender sus cualidades efectivas en vuestro corazón y en vuestro espíritu. Esto es lo esencial del arte marcial.

El Manuscrito del Vacío

空

Al escribir sobre la ciencia de las artes marciales de la escuela de los Dos Sables en el Manuscrito del Vacío, el significado de vacío consiste en que existe el reino en el que nada existe, o no puede ser conocido, o se ve como vacío.

Por supuesto, el vacío no existe. Se conoce de la no existencia cuando se sabe que la existencia es vacío.

Cuando la gente no entiende algo, considera erróneamente que eso es vacío. Éste no es el vacío real; es una ilusión.

Igualmente, en el contexto de esta ciencia de las artes marciales, cuando se sigue la vía del guerrero, no conocer las leyes de éstos no significa vacío; al estar confuso puede uno llamarle un estado de vacío desesperado, pero esto no es vacío real.

Los guerreros aprenden con precisión la ciencia militar y continúan practicando diligentemente las técnicas de las artes marciales. La forma en que los guerreros las practican no es oscura en lo más mínimo. Sin ninguna confusión de espíritu, sin relajarse en ningún momento, puliendo la mente y la atención, afilando el ojo que observa y el ojo que ve, uno llega al vacío real como el estado en el que no hay oscuridad y las nubes de la confusión han desaparecido.

Mientras que no conocen la auténtica vía, ya sea en el budismo o en los asuntos mundanos, todo el mundo piensa que su camino es seguro y es algo bueno, pero desde el punto de vista de la vía correcta del espíritu, comparada con las pautas sociales generales, la gente se aparta de la verdadera vía por desviaciones personales de su mente y por desviaciones individuales de su visión.

Conociendo esta mentalidad, pronunciando esencialmente palabras honradas, tomando el espíritu real como la vía, practicando las artes marciales en el sentido más amplio, pensando correcta, clara y comprensivamente, y tomando el vacío como vía, podéis ver la vía como vacío.

En el vacío hay bien, pero no hay mal. La sabiduría existe, la lógica existe, la mente está vacía.

12 de mayode 1645

Miyamoto Musashi

Notas

[1]*Dos Cielos* es uno de los nombres de la escuela de artes marciales de Musashi, a la que él se refiere como la escuela de los Dos Cielos o Dos Sables.

[2]*Kannon* es uno de los iconos más populares del budismo, que representa la actividad de la compasión universal. Kannon fue casualmente el icono del tempolo en el que Musashi se retiró; no existe ninguna indicación de que este tuviera ninguna devoción particular por Kannon.

[3] En el texto, Cleary ya no vuelve a utilizar la palabra *samurái*, sino el concepto más amplio de *«guerrero»* que abarca tanto a los *samuráis* como a los *bushi* (véase la introducción del propio Cleary). (N. del T.)

[4] Los *templos de Kashima* y *Kantori* situados al este de Japón estaban dedicados a la guerra. El templo de Kashima estaba dedicado al dios Takemikazuchi-no-mikoto, venerado como el dios de la guerra desde la antigüedad. Se decia que la Nueva Escuela de Precisión Kashima, escuela de artes marciales asociada con este templo, había sido fundada en tiempos del VI emperador prehistórico, Nintoku Tenno, que construyó el *Mozunomimi-hara-no-naka-no-misasagi*, el mayor túmulo funerario del mundo. La Nueva Escuela de Precisión Kashima se atribuye a un antiguo descendiente del dios *Kuninatsu-o-o-kashima-no-mikoto*. El templo de Ka(n)tori está dedicado al dios Futsunushi-no-kami. Se cree que ese templo fue establecido en los tiempos de Jimmu Tenno, primer emperador de Japón, cuyo nombre, Jimmu, significa Guerrero Divino. Una escuela de artes marciales llamada la Escuela Shinto Katori o la Escuela Katori del Sable Divino (los dos nombres son homónimos), fue fundada en una fecha tan reciente como 1940.

[5] *El maestro carpintero* correspondería a nuestros actuales arquitectos, ya que dirigían la construcción de las casas y los templos en madera del Japón del siglo XVII. (N. del T.)

[6] Cleary usa la expresión «artista marcial», mientras que Francisco F. Villalba utiliza la expresión «táctico» en su traducción *Escritos sobre las cinco ruedas*, Ed. Luis Cárcamo, Madrid 1984. (N. del T.)

[7] En 1543 los portugueses introdujeron las armas de fuego en Japón, y Musashi había nacido en 1584, en plena guerra civil, que duró más de un siglo. (N. del T.)

[8] *Cinco clases de guardia*. La palabra *guardia*, en japonés *kamae*, procede del verbo *kamaeru*, que significa construir, establecer, o adoptar una posición, postura o actitud (normalmente defensiva). En el lenguaje social, cuando alguien *kamaeru*, significa que la persona se pone a la defensiva. El verbo relacionado *kamau* significa asumir los

problemas de alguien o hacer que algo sea confuso.

[9] En la traducción de Hanshi Steve Kaufman, este capítulo se titula «El corte de las hojas que caen». *The Martial Artist's Book of Five Rings*, Charles E. Turtle Co., Inc., Boston, 1994. (N. del T.)

[10] Musashi se refiere a sus discípulos como si fueran ya maestros de las artes marciales y les inspira confianza, haciéndoles tomar conciencia de su ventaja anímica sobre el adversario que se ha percatado de su maestría. (N. del T.)

[11] *Contagio*. El gran pianista Josef Hofmann enseñó que un intérprete debe transmitir emoción a un público por medio del recuerdo de la propia emoción del intérprete, sin emocionarse realmente en el momento de la interpretación. Esto es un ejemplo sublime del principio de contagio

[12] *El contagio de una época*. La mentalidad o estado de una época o de una era domina más eficazmente por contagio de lo que podría hacerlo por persuasión o coacción abiertas, porque el origen y la naturaleza del contagio no son obvios.

[13] *Cinco formas y seis formas de las artes marciales*. Aquí Musashi se refiere al embellecimiento estilístico para uno mismo, en contraste con las cosas prácticas fundamentales del arte de la guerra.